精神と時間

宇宙はいかに現れるか
現れていないものへの接近はいかにして可能か

友永 幸二郎

22世紀アート

目次

——世界と精神が現われる宇宙の深みへの沈み込み　現れない分割できないもの

そこに達するには時間へと沈降するしかない、それはひとつの冒険である。

時間はかたちがまだ現れない分割されない世界である。非分割の世界は人が最終的に依るべき根源である。非分割の世界への降り行きが、この現実の混乱した世界からの脱け行きとして在る。

心を無にすることはできない。絶えず対象物に関わる想念が沸き起こる。その想念が沸き起こる精神において根源であるものに達するには、対象を排除した世界に至らなければならないが、対象を排除した観念上の極限の観念である無とか絶対とかを求めても、それは意識の働きの上の一局面の極限に到るだけである。

対象物の構成に拠る世界の中で、時間へと降下することにおいてのみ精神の根源へと沈み行くことができる。時間への沈みこみは、意識が向かう対象を取得も排除もしない。一方、意識が対象を取り出し、取得し、構成するだけの対象を構成する世界では、いつか文明は滅ぶだろう。

意識の働きにおいて対象を切り出すことによって、切り出されない部分である、そこから排除されたものが残る。対象として引き出されたものに対して、排除されたものが残る。意識による対象構成作用の働きにおいては、対象の外部として排除されたものが見捨てられる。対象を所有することで、残余のものが放棄され、後ろめたさとして心の背後に闇が忍び込む。対象世界に生きる人は世界の表面に生きるので取り残されたものに思いを及ぼすことはない。

現実にあっては排除されたものが背後に付随している。そのことが精神の働く機構に影響を及ぼし、精神の働きの中で排除されたものに反し対抗する力が働く。その力の波及が精神と心に投影される。排除されずに現れた一部のものが現実世界である。それが宇宙の現れであるが、宇宙に在るもの全てが現れるわけではない。世界はこの現れの作用に捻れて現れる。人の心がそれに対応して捩れる。人の心は、現れの捩れに寄り添い精神において積み上げられ、後ろめたさと闇を宿している。

対象にできないものを排除して成立した世界はいずれ縮退する。排除を取り除こうとする思考が人の心の奥に住み着く。意識世界は、根源世界と関係を持たねば縮み、宇宙に漂流する。

意識はその働きが働くその奥と持つ関係が見つめられ考えられて来なかった。意識世界においては、あらゆる全てのものが意識と対象との関係において在る世界である。意識が働くのはその働きが意識から意識の対象に波及するだけで、意識の外から意識に関係を持つことを考えに入れない。意識の働き、また観念の動きはその働きがそれ自体に収束しその中に自足しようとする。それぞれの能力が自らだけを主張する態度は排すべきである。解らないものとの関係を構築するための思考を人の精神に持ち込まねばならない。

現れていないもの

現れていない隠れているもの、があることが、現れているものが在るものの全体でないことを示している。現れは現れうるものだけが現れるという働きに過ぎない。現れるという働きが完全なものであるなら、そこに全ては現れているはずであるので、現れていないものが在ることにより、現実の現れるという働きは不完全なものであることを示している。

精神が物質を創るわけではないが、精神には世界が映っている。精神に映っている全てのものが、世界に現れているわけではない。世界は人が認識できる中での精神に映っているものが現れたものであるが、その現れる方法と現れた姿において精神がどのように見えているかを見なければならない。見えている世界の背後を透過して精神を見る。現実の観念による認識世界は空間で形成されているので、それは透過されたものの中にあり、現実世界は対象を構成する空間において透過しているが、現実世界の奥は隠され排除されていて見えない。精神は現れたり、精神は現れなかったり、精神は現れるのでも現れないのでもない、ことがあるが、精神が見えないのは、そこの奥に精神における認識の眼差しが到達していないのである。

離れて深みに在るもの

意識により形成されるものを離れて深みに在るものが在る。それはこの構成された現実世界に在るのではなく、人が認識する現実世界から離れて在る。なぜ深みに在るものが在るのかを考えなければならない。

意識により形成されたものではない、離れて深みに在るものとは、意識から離れたところにある私の精神が、意識存在から離れて自覚するところのものである。離れて在るものは、現実世界から離れることができる私の精神でなければ保持できないものである。現実世界は、深みに離れて在るものは背後に在るものとして隠し、人の認識する世界は意識により構成された世界として現れる。

対象構成により囲い込まれた領域が意識の働く領域である。意識には見えないのに、在るものであるところの、意識から離れて深みに在るものが、意識を横に見て意識を越えたものとして在る。

深みに在るものの認識においては、離れて深みにあることに、思考が到達できないことにより、思考は立ちすくむ。対象の近くに在るものが深みの遊動により揺さぶられる。意識から離れて在るものは、その思考形式においては、意識の働きと根底から構造において異なる。思考には様々な様態があり、その様態を見つめることが求められる。そして世界全体の認識の中でその働きを形成する必要がある。ただ意識の特質である平面上の多様な視点を求めるのではなく、在るところの異なる様々な精神の様態を見抜く視力が必要となる。

人に見えているものは何に支えられて見えているのであろうか。それは脳に格納されてあるものを見ているにすぎない。見えているものを越えて意識作用を越えた深みに在るものが在る。それが新しい思考を生み出し、新しい世界を形成する。

分割できないもの

意識が対象を構成するその一面を見せるのを見るのは易いが、精神が分割できないものである、不対象である対象とならないものとして現れるのを見るのは難い。

構成世界は意識に投影されたものの構成体である。構成世界には全体性として在る対象とならないものは現れない。構成世界は人に認識されたものでしかないから、そこに対象とならない不対象が出現することはない。不対象は認識できなく把握できないものとして根源の深みに在り、そこから人の精神の深みに潜む。人は知ることができるものとしての対象で構成された知識の断片の集合を生きているが、それを支えるものとして認識することができない深みに在る対象とならない不対象が在る。不対象を精神に見えるようにするには意識の作用から離れなければできない。

いつでも人の周りに在るもの

生物は生きるために対象である糧を奪い合わなければならない。人は生きること以上に、財を蓄積するために略奪を繰り返す。宇宙は無尽蔵であるはずなのに、この狭い世界の中で奪い合いは繰り返される。一方、いつでも人の周りに在るものは、人に認識されることなく在る。認識されないものは無いのではない。それへの気づきが想起される精神の態勢が求められる。対象として所有し集積する必要がなく、いつでもそこに在るものが在る。いつでもそこに在るものの気配を感じ保持し続けることが私の精神を根底で支える。いつでもそこに在るものにより、新たな姿が見えて来る人に、新たな世界がもたらされる。

構成世界は人の意識により対象を構成する一面が実現されたものである。人は構成された世界に寄り掛かり依存している。現実に構成され認識された世界は人の精神が全的に依ることができるわけではない。人の精神は解り得るものだけで形成された構成世界を越えてあるが、人の精神が動き、働くのは精神の根源の広がりからの立ち上がりによるのである。精神には深みの広がりがあるが、構成された世界は単なる空間の拡がりであり、空間は伸び拡大し縮小するが、そこには背後というものはない。どこまで行っても同質の空間である。認識できない背後がないのが、空間である。つまり、そこの人の構成世界ではすべてが解りうるもので構成されていることを表している。

構成された世界は変化しているとしても、それは空間の中で同じものが大きくなったり小さくなったりし繰り返しているにすぎない。認識できない背後から来るものによって、出で立ち絶えず沸き立つ精神がある。背後に在る時間は対象の中を、そして対象でないものの中で働く。構成された世界から、時間を切り出し、取り出すことはできない。宇宙には対象として切り出せるものと、認識できないものとして切り出せないものが在る。そしてそれぞれに対する精神の働く仕組みは異なる。

意識の働きによる対象世界の構成は断片の集積であるので、世界は一時の安定を見いだしているに過ぎない。構成は遠からず宇宙の年月においては崩壊する。構成を崩壊させる力が宇宙には在る。それは、現実世界を覆す力として、構成する力とは異なるものとして在る。それは深みに時間の根源として在る。対象でない不対象であるものとして働いて在る。

空間像が精神の足場を形成し、思考活動の骨格を形成する。それは現実世界が持つ不安定な揺れ動きから、精神を安定させるためである。人は思考活動を体系化し思想を構築する。今の世紀の人の思想は人の現実活動を推進する力であるが、解り得ないもの、認識できないものが人の思想に入り、人の思想を混乱させることを防いでいる。精神の活動は現実の構成世界と分割されず対象とならない根源の精神との間を繋ぐ働きをしている。現実世界に現れない精神の部分は、現実世界を根源から支える力として働いている。

人は現実の現象に沸く精神を生きている。そこは構成世界が、そこの閉鎖により成り立たせられていることにより混濁している。機械的科学世界として構成された世界は、現実に湧き出るものすべてを見ることはできない。いかなる科学的実現もそれだけでは意識空間に投影された認識だけを示しているに過ぎない。そこでは根源に在るものは人の精神の現実へと湧き出ることはない。なぜなら意識自体は精神の根源を呼び込むことはないからである。終には、意識に制約された世界は孤立し立ち枯れる。一方、湧き立つ精神は対象構成世界とともにその奥に在る対象とならないものにより動かされ働かされている。

精神にはなにが出現し湧き立つのであろうか。その湧き立ちをもたらすものはなにであろうか。湧き立つ豊かさは構成された世界の奥から現れる分割できない、構成できない力による。対象を構成したものの中には湧き立たせるものはなにもない。なぜならそこはなにものもが分解され空間として透けて見える、すべてが解られうるものの世界であるからである。そこでは全てのものが他のもので置き換えられ、その世界は根源からの認識を遠ざけられた表層としての意識において、人の目に華麗に見えるだけである。精神世界を沸き立たせるものは、解り得るものである構成世界とは異質である所から来る。湧き立つところに解り得ないものが現れる。

現れるもの

精神が現実の世界に出現する、その現れる様を見るには、現実の認識世界を見るだけでは現れる様相は見えない。現象とは表面である認識の層に現れたものを見ることである。だが、認識される現実に現れないものを現われさせる力がある。現実世界はその力で支えられている。真に求められるのは、現れないもの、現れていない、現実の背後に在るものを視ることが求められるのである。

私とは、私において働いている私の精神であり、私の精神とは精神の諸機能の集まりである。それぞれの時代の精神はその時代の人が受容することができる能力以上のものは排除されている。精神はその時代の現実に入り切らず、精神の根底に現れきらないで、残るものが在る。それは対象思考が一方的に意識という精神の表層で働く対象の所有に執着するからである。現実世界に現れきらないというのは、精神の根源が現実に展開しきれないということである。現実世界に現れず、精神に残存するものが在るということは、それは限界を持つ精神がその時代の認識能力のかたちを示しているのである。また認識できるものと認識できないものの対立がある姿を示しているのである。精神の深層に取り残された精神が現れる道がある。それは今居る意識の外に向かい、その根源の精神を受け入れる私の意志による。

現実世界と異なる精神の異質な世界に入るのは困難である。困難でなければそれは異質な世界ではない。人は意識の同質の世界に閉じられている。

人類は異質の世界へ入る試みを様々に行ってきた。異質の世界へ入ることが困難である以上、異質の世界の実現の姿には、常に欺瞞が入り込む。

欺瞞を排除するためには、同質世界から異質世界に入ることが不可能であることを根底に見据え、異なる接近する方法を構築せねばならない。

―時間　精神の背後に潜むもの　現れたものは空間である　現れないものそれは時間である

時間はどこにでも在る。だがそれを意識が対象を認識するように認識することはできない。時間はどこにでも在るものなのになぜ認識できないのか。それはどこにでも石ころのように分割されて空間に転がっているからではないからである。時間は意識で認識できる形式ではない。どこにでも在る時間を分割し切り出すと、その分割の働きにより精神の認識作用においては、それは既に時間ではなく空間となっているのである。

意識は対象を意識の志向性という対象への一方向に向かって見ることしかできない。意識は全方向を、前を後ろを上を下を同時に見ることはできない。

意識が全体と言うときそれは、一対象へ凝固された観念に矮小化された全体にすぎない。それは虚偽を抱え込んだ全体であり、意識の中で肥大した観念が偽りの全体を現出させ、世界の真の姿を歪める。

人はどこにでも在る時間をそのままに認識できないので、感情、情緒で時間を捉えようとしてきた。感情、情緒は誰もが発現できる能力である。それゆえに時間の認識が感情に巻き込まれると、時間の認識は曲げられる。それは時間を認識できないことを自覚していないので、時間はただ精神の混乱の中に投げ出される。

時間は全体であるので、精神を全方向に見なければ見えない。だが脳の認識機能は精神を全方向に俯瞰することができない。それは認識が意識の対象作用によってなされるので、対象作用として対象を志向することによる対象と主体の一方向に対位する働きであるから、相互に対位することから脱することができず、世界を分割し切り出し対象を生み出す働きに押しやられる。意識は一方向に向かう直線的なものでしかない。意識は全方向に展開することはできない。

人は全方向の感受を十分に持たず、全方向の精神世界を生きぬまま、現実の意識による構成世界を生きている。意識の志向性による対象の取得は一方向のものしか取得できず、それらを寄せ集めて全方向のものを生み出すことはできない。それらは部分の寄せ集めにしか過ぎず、それによって精神に全体を与えることはできない。

意識は志向性により一方にしか向かわないが、感情は全方向に向かうので、人は感情に寄り掛かる。人の体が片方に傾くことを嫌うように、精神も一方向に傾くことを排除し、宇宙の歴史の中で現在の人類が持てる機能を寄せ集め、全方向にバランスを取ろうとする。感情は意識の働きのように厳しい認識をなさないが、全方向の始源的な能力を持っている。精神は感情に入り込まれ、現在の人の精神の働きの中では感情が大きな役割を果たしている。

精神をその基本機能に従って全方向に働かせるのは難しい。全的でない精神の偏った一部の働きの中で、現実世界を感情で把握しそのことを持って世界を認識したと思っている。これが現実世界の認識を錯誤させると共に、精神の全体の働きの把握に進むことを困難にしている。

時間に向かう

空間は同一性の繰り返しでどこかに向かうという方向を持たない。空間が持っているのは向かうという方向ではなく方位である。方位とは自己の中心から空間が広がるものであり、それは空間の成り立ちとしてあるものである。根源への方向を持つのは時間である。空間は根源への方向がないから空間の同じ所を反復して回る。方向の認識は時間においてでしかできない。空間は意識により構成される断面の集積であり、断面は人の意識に出入りし現れる。空間は空間内の同じ所を回り、意識はそれを意識空間において追い、その意識により構成された空間構成を認識するだけである。

精神において、対象を志向し、しかも精神の根源へ向かうというそれぞれ異質な方向に同時に向かうことはできない。精神には二つの方向があることを提示することが重要なのではなく、いかに精神の根源に常に精神を向けるかが問題なのである。

宇宙には精神が展開している。宇宙の原理は精神と構成世界が絡み合って展開しているということである。精神と構成された世界はそれぞれが独立して存在することはできない。精神と構成された世界は関係しているが、その関係はよく認識されていない。人の世界とは、人の認識能力において制限されて認識された世界である。その認識は全的ではなくある面に制約されたものなので精神は時に固まり強ばる。宇宙の根源からの精神の広がりと、精神の働きの中での意識の対象作用の上への張り付きは、宇宙の全体の働きの中に取り込まれる。精神と物質で構成された世界をその一方に傾いただけで考えることはできない以上、その両方向への向かいを見いださねばならない。

宇宙の生成のエネルギーである時間は、意識作用の対象にできなく、取得できなく、所有できない。それは対象物が普通にできることができない。ただ精神がそれに全方向に向かうしか時間に接近することができない。向かうとは対象に対向して一方向に向かうことではなく、自らの精神の働きを越えて、精神の働きの全方向に向かうということである。

私の精神がどこかに向かうとはどういうことであるのか。精神が向かわない限りなにかに達することができない。

全方向に私を向かわせ、私の精神を全方向に拡げ置き、その事態の精神の働きを自覚することが求められる。精神が全方向に拡げ置かれている状況が自覚されなければならない。そして全方向に広がる時間に私の精神を拡げ置くことの自覚によって何が見えてくるのだろうか。

分割することが出来ない時間は、意識が志向して対象を求める意識の働きにおいては認識できない。だが認識できない時間に私の精神は向かうことができる。

人は認識においてその認識機能の限界により現実に閉じ込められている。現実は対象物が構成され、張り合わせられ、積み上げられた世界である。その現実の世界を精神の働きはどのように認識しているのか。現実の光景は、構成された世界として意識と感情の働きによって構成された断片の集積でつくられている。人の精神は精神のそれぞれの働きから出ることはできず、それぞれの働きの中を巡りそのそれぞれの働きにうずくまる。感情と意識は精神の働きの中で、それぞれの働きがどこに向いているかを感じ、その働きの全体を感受することが求められる。それぞれの精神の働きの方向を自覚し、認識においては精神の方向の感受性を磨かなければならない。

精神の働きの展開を、停止と転開の光景において見てみよう。現実を形成する構成されたものは崩壊へ傾いて不安定である。構成された構成の断片を踏み締めると、それを保持することは難しく崩壊へと足が沈み込む。現実は人が構成活動により固着固定することで現実となる。精神活動は現実の固着に引きずられ固まる。人は物質の所有と同じように、観念を囲い込み所有しようとする。所有とは物質においても観念においても個体化し固まったものを所持することである。

根源が在る

混乱から脱し生きるとは観念の作り出す空間構造に執着することではなく、精神が直面する精神活動の全ての現われに、的確なまた繊細なそれぞれの手立てを集めることである。その精神の働きが停止したら精神の豊かな進展は終わる。

現実の認識を越えて生きなければ、現れないものに向け、生きることはできない。だが現実では人は実現された現実の形に添ってその認識形式によって生きてゆくしかない。現実の認識は実際の現実の現われに引き寄せられ、いまだ現実に実現されないものは顧みられない。

精神の根源に立ち向かうには現実の現われの形に囚われず、根源に転じ向くことである。だが人は現実の現われの形に取り囲まれ立ち止まり、現実の対象に向き合い立ち竦み、その現れの形を明瞭に目にすることができず、根源に転じ向くことに躊躇う。

人が真に依拠できるのは、なにものをも固着しない時間という根源しかない。その根源の求め方が真の働きの仕組みとして注視されねばならない。根源である時間は気配を感じてしか接近できない。根源の動きを気配で感じるその能力が必要とされる。人は現実の認識においては空間の構成に押し込められており、現実においては、根源の時間の気配の感受は現実の空間構成の勢力に掻き消されている。

だがその状態の中で、精神は全体に包まれる。自然に包まれる、また極限に至る観念に包まれる、包まれることが精神の至福であり、祝福である。

包まれる感受は、対象を目指す意識とはそこで起きている精神の働きが異なる。包まれる感受をもたらすのは、分割できないもので対象にならない宇宙の根源である時間である。現実生活において、対象に攻め立てられる精神の中で、精神が包まれる感受を保持し続けるのは難しい。包み込まれる精神において全方向である時間が現れる。それは全方向からの感受性と呼ばれるべきものである。

時刻という空間

意識で構成された空間、そこには時間はない。時刻として認識された瞬間は空間となる。時間であるものと時間でないものとをはっきり区別しなければならない。時間でないものを時間と言うのは認識の錯誤であり、詐称である。

物理的時間は物理的次元の上に構築された空間を表現するものである。数式で表された世界、それは現実に現れた世界ではない。観念に表された世界と現れている現実の世界は異質なものである。意識による認識で真なるものに至らない不十分さは、人の精神生活においては感情の働きで補われ、それによって生の充足感を得ている。感情による膨張感が人の現実を支配し、そこでは精神が全体を認識して全体を現した精神世界は形成されない。物理的時間の次元の上に構築され投影された平面が、精神への感情の進入を招き、全体性の真の認識を押しやる。

物理的時間の平板さは、人間の脳の働きの限界を表しており、脳の働きの限界そのものである。だがこの物理的時間の平板さは人間の生と生活の一部である。人はこの一部の平板さから逃れることはできない。それが現実世界の上に展開され平板なのはそれが真の時間ではなく、空間に裁断された時刻という空間に過ぎないからである。人が生きているのは空間に向き合ってである。人が生きている根源からの全景をなす光景を見ずに、物理的時間を持ち出すべきではない。今、目の前にあるものが世界の全体である。だが人はその世界の隅々まで見てはいない。人が見ているのは空間構成としての脳内記憶と人がその世界構成の中で捉えた観念を見ているだけである。

物理的認識は時間を時刻という空間の一つの次元にすぎないものでしか認識できないので、時間そのものを認識することはできない。物理的認識は空間に閉じ込められている。現実認識が堅固なのはこれによって認識が空間に閉じ込められ構成されているからである。人の精神は空間認識の働きから自由に動くことができない。その意識の空間形成の閉じ込めから逃れるに、人は感情を発動することで、精神の働きの不具合を補おうとする。

過去とか未来とかは観念上の空間像であり、それは時間ではないので、空間特有の硬直性のため、精神に真の時間のように溶け込むことができない。

世界はなぜ混乱しているのか。それはその根源的な姿を認識できず、精神の一つの働きである意識による対象構成作用を、その一方向性を膨張させ、感情が意識の構成作用を覆い、意識の働きに入り込み、それが人の姿であると、精神の働きを感情のあいまい性の中に包み込んでいるからである。日常観念は全てを巻き込みうやむやにする。人は精神の混乱から逃げるために、心へ、感情へと逃避する。

実生活の中ではそれぞれで生成した現象がそれぞれの空間に出現する。それらは互いになんらの繋がりもない。夢の中の出来事が、なんの繋がりがないように、空間に出現するものにはそれぞれなんの繋がりはない。現実の空間では出来事である出現が錯綜する。現実の空間は分割された部分で構築される。その一つひとつは堅固なものである。だがそれらで構成された構成体は崩壊へと傾いている。それはそれを構成するそれぞれがあまりにも頑丈頑固で相対するものとの融和性を欠落しているからである。現実世界が頑固であるのは人の認識機構、認識構造に限界があることからくる。これが人の認識世界の限界を成している。

時間という全体の認識は精神の全体的な働きを要求するのに対して、寄せ集められた意識の働きは全体性を完遂できず精神の働きを取りこぼす。精神は現実世界においては右往左往し精神世界を作り出す。このようであっても現実は混乱の中で進み行き、混乱の中で世界の根源は現実から全方向の精神作用へ滲み出してくる。

人の歴史は精神の変化の歴史でもあるが、精神は変化する相と変化しない相とがある。現実の世界は精神の変化する相に現れ、世界は変遷してゆく。世界を見る思考は、世界を構成し、世界と共に変わって行く精神の意識の部分しか見ていない。世界を構成する対象を見る意識から、構成世界の根底において、根源から生成する精神の深層へと、視点を移す精神の身のこなしが求められる。

―精神の働く仕組み　聖と俗として働く現象世界　生と死として働く感情世界

精神の働きとそれを働かせるもの

精神の働きはそれが働く働かせるものがある。精神の働きとそれが働く働かせるものの両方が見える位置があるのだろうか。その中身は働いているとき自分は見えない。精神の働きがあり、それを働かせるものは生命の歴史において、人の精神として移り行くが、その時代の制約の中で働いている。その働かせるものは、生命の、人類の進化と共に移り行く。精神に関しては、精神を働かせるものは人の脳に依拠する。精神の働きはその働かせるものとして、脳であったり、感覚器官であったりでそれだけで進行、進化する。その精神を働かせるものには背後があり、その背後は最初に見られることはないが、それは、いつかは見られなければならない。

聖と俗　現象世界

宇宙のサイクルの安定した世界では、空間における繰り返しがその特徴として見られる。空間は構成を生み出す場である。だがその構成の崩壊を保持するなんらかの能力を持っていない。

一つの精神の働きが聖と俗の精神の働きを行なっているのであろうか。つまり、同じ精神の働きが二つの働きを現れさせているのか。そうではなく、そこには二つの精神の働きがある。二つの精神の働きはその働き方が異質である。意識はその志向性に基づき対象を求めそれを空間に据える。聖と俗は共に意識の働きであるが、対象に対するその働きの姿が異なる。

精神の働きの中には対象を求めない働きがある。向き合っても把握できないものが在る。対象を求めないのに、把握することができないなにかが向かい入り込んで来る。把握することができないが、それは確実に私の精神に入り込む。それは私の精神のどこにどのように入り込むのだろうか。

精神の働きは対象を志向する意識の働きと、それとは異なる働きである対象を志向しない精神の働きがある。対象を求めない精神の働きは、精神のどこでどのように働いているのか。それは意識の働きでないので、精神の中で意識の働きでない部分の働きとしてある。

そこで働いている働きの姿から精神の働きの機能を見てみよう。人が聖なる領域に入るとき、俗の領域で働いていた精神を持ち込まないことが、その精神の態勢に求められるべき精神の働きである。

しかし現実の世界では、聖なる領域に俗なるものの精神の働きが持ち込まれるのが現実である。人が生活すれば、そこでは聖と俗は厳密に分離されず、生活の中で混ざる。一面でそのことによって、感情に基礎を置く文化がその国の文化として花開く。文化とはそのようなあらゆるものが混在し入り込むものであり、その文化の光景が人の感情を掻き立てる。

この整合しない現実を受け入れた上で、その現実で働いている精神を考えなければならない。それでも聖と俗の本来のあるべきかたちは、精神の根源からの働きとして求められるべきである。そしてそこから、現実で捩れている精神の働きが正されなければならない。

聖なる精神の働きは現実を実現する俗の精神の働きに引き込まれる。その中でその精神の働きが宇宙の展開の中ではどのような態勢を取っているかを見なければならない。

日常で働いている精神の働きとは異なる精神の働きとは、対象作用を求めない精神の働きである。なにかを求めない精神の働きはどのようにして実現できるのであろうか。

現実の精神の働きから現実の奥へと向かうには聖の精神の働きから向かうしかない。だが現実の聖の働きは俗の精神の働きに取り込まれている。

聖と俗の働きは対等の働きの関係にあるのではない。聖の精神の働きは精神の根源へと傾斜している。現実の俗の思考から離れるだけでは聖の精神の働きは実現できない。根源に繋がるにはそこへの意図と意志がなければならない。

それは現実をあるがままに、目の前の状態を推し進めようとする力に対して、現実を精神の根源からの働きに引き戻そうとする力がある。世界は現実をあるがままに推し進める力が圧倒的に優勢である。現実は絶対的に支配するが、精神の根源が生み出すものは最終的には現実を変える。現実は自ら変わるのではなく、人の精神の働きにより変えられる。

現実とは、現実に囲い込まれた精神の実現であるが、その実現が集積された現実を引き摺り進んで行く。人間の世界はこの混濁した現実に覆われて広がっている。精神の働きはこの現実の動きの奥に隠される。

現れているものと現れてないもの

現実は真の全体を現しているのではなく、真の精神の動きを見えなくしている。なぜ見えなくしているのかというと、精神の全体が現れると、人間の脳に極限された人の精神は混迷するからである。

人が現実で生きるとは、現実を構成する認識世界に安らぎ生きることに過ぎない。それは現れているものは現れ得るものの一部分であるからである。現実が根源からのあるままに現れているなら、隠されたものはない。だが、現実は全てが現れているのではなく、現れていないものが在る。

なぜ隠れるのか。それは宇宙の現象は人に現われたり隠れたりする。人が認識しているものが現れる全てであると思い込んでいるだけである。それは人が自らが解るものでしか思考できないことからきている。その外の解らないことを考えようとしない。今生きるのにそのことは必要がないからである。なぜ、人は目の前にあるものだけが、この宇宙の現れの全てと思えるのだろうか。

現実に生きる人は目の前に現れた対象世界に追い立てられるが、思考する人もその現実に引きずられ、観念世界に現れたものがすべてだと錯覚する。対象世界に追い立てられ、現れたものの観念に執着しているとき、現実として構成された観念の中に閉じ込められて生きる。

現れないものに向かう人は、現れた世界への違和を感じ、そこから外れた所になにかが在るのを見る。現実に追い立てられ観念世界に生きるとしても、その外にはみ出した現実を越えるものが見える。

俗に生きる人が俗の中で、聖になにかをもとめても、なにも与えられない。それは俗を越えたものである聖に向かっていないからである。俗から聖に手を伸ばして掴めるものは、聖なるものではなく、それは単に聖に似た偽りのものにすぎない。聖なるものは俗なるものから断絶したものである。

聖と俗の混ざり合いが文化を創るが、その混ざり合いの様は未開の文化から高度に洗練された文化までがある。俗に立脚する文化は日常の基盤であるとしても、精神の働き、営みとして、俗と断絶した聖が形成され、それに向けて精神が働く場が見出されなければならない。

立つ位置が違うものは見るものが違う。俗に生きる者は俗の生活を楽しみ、聖をも俗の生活の一部として生きる。

聖なるものに向き合い、俗から切り離されたものを見る者は、それは聖なるものが生み出される精神の働きにおいて、その働きを通して見なければならない。そのためには俗なるものを見る精神の働きと、精神の働きが違うという自覚を持たなければならない。

俗なるものを見る者は、見たものを感情を交えて語ることができる。だが、聖なるものを見る者は、語るのが困難であればあるほど、それらを表現することができない。そしてそれらを語ることを放棄する。そうだからと言って、聖と俗を混同することからはなにか新しいものは生まれない。それは聖を俗に引き落とすだけである。

聖と俗はくっきりと区別され、その精神での働きは俗を基盤とする働きとは峻別されなければならない。聖と俗が区別されるとき、自覚と覚悟がなければそれはできない。聖に精神を置くとは、自ら孤立することになることである。その孤立のなかで精神を働かせなければならない。俗の世界の観念の固着からの離脱は、聖の方向に向かうことにその可能性が見いだされる。

生と死　感情世界

生と死を精神に持ち込むとき、意識の働きは広がる。死は意識の働きを脅かし、意味を排除し言語空間を変色し拡大する。死に直面し人はうろたえるが、脳の言語空間においては、混乱のなかで意味の構成が、薙ぎ払われ、色が抜ける。

死は人に観念でしか現れない。死が実現したときそこには意識も精神もない。死は人の生きている生の観念構成の中にしかない。ある人々は死の恐怖で観念群に圧力を掛け、観念空間を歪ませる。人は死を体験できない。他の生けるものの死を見るだけで死を観念に取り込む。死者の空間に時間は流れない。対象物としてそこにあるだけである。時間はこちらの生の側で流れる。
夢の中では風は吹かない。夢の中で、はためくものはあっても風は吹いてはいない。視覚以外なにもない空間では、時間は流れない。夢の中では時間は流れていない。夢は脳における空間事象の継起的再構成に過ぎない。

人類は現実感覚のなかで現実を生きると共に、現実からずれて、脳の認識空間において時間の遮断された空間に生きている。人はそのように固定された空間に閉じ込められた生を生きていることを自覚していない。現実世界の移り行きは時間がもたらす。死という空間が人の現実に割り込み、時間の進み行きを止めて、人に真の時間の思考を迫る。死は意識の空間現象に過ぎなく、時間は人の死の観念の展開に関わらず進む。それは時間が宇宙の進み行きであるからである。

この人の現実世界を見て、この現実を認識しなければならない。現実は人がこの位置に居ることは、精神世界は完全ではなく、認識においては不足した世界を表わしていることを示している。本来の世界は精神の根源に基礎を置いた世界である。この位置においては不均衡は感情が覆い隠すが、不均衡はいずれ崩壊する進み行きの上にある。

精神のなかで感情は流動する。感情は人を主導し、感情は思考から切り離され、人を主導する。人は感情に依り日常を生きている。感情だけで生き、感情に寄り掛かることが、人の日常を形成している。

感情は思考から断絶して働き、感情は原始的な思念であり、それ自体で自足し、満ち足りる。そこから外に感情の働きが出ることはない。

宇宙における生命の発現

生命が生まれていない宇宙は非生命宇宙である。だが、そこにはすべての情報が在る。その中で生命とは情報が書き込まれた宇宙の存在である。

非生命宇宙には情報が無いのではない。非生命宇宙は情報に満ちている。宇宙そのものが情報である。非生命宇宙の情報は構造全体、仕組みそのものが情報を発している。まだ生命という個体媒体に書き込まれず世界にそのまま展開された情報である。非生命世界に在る情報は宇宙に拡がった情報である。

情報は一極に止まっていては情報ではない。移転する動作を伴って情報となる。情報は移ることでその存在を確立する。

非生命の世界が生命に情報を写す。世界に在る情報が生命に転写する。だが情報が溜まるところが在り、そこが情報を再び発する点となる。溜まるところが情報の在る処として宇宙に在る。それは人という世界に在るところの存在である。

宇宙における内在原理と外在原理

内在原理とは個の内部の働きをすべての働きの展開とする働きの観念世界である。内在原理は内にすべてを取り込み引き付けようとするので閉鎖的になる。現在、人の精神世界は内在原理の下に観念世界が展開されて在る。

精神は人の脳の中で働いている。そこで精神は求心的に働いているので、脳―精神系において統合しようとする働きを起こす。外部の対象の全てを自己の中心からの空間に位置付け空間内に配置する。人が認識する認識世界はこの精神の働きの上に築かれている。

その精神態勢で働くとき、他の態勢は見えず、精神の他の態勢を取ることはできない。ある能力の構築は他の能力を排除する。なにかを選ぶことは他を排除することになる。対象意識作用の働く領域の外が思考から外れる。排除は発動の背後に潜んでいる。そこには二つの力の角逐がある。人は自己の精神に集中しているので、その精神が働いている場の状況に気づかない。

人は精神の全体の働きを自覚しなければならない。だがこれが認識されない事態は深刻な状況であるのだが、この認識が普遍的になされるのは困難である。この精神の歪みをどう調整するかがこれからの人の課題となる。

脳で働く内在原理の精神に対して、そこから排除された精神の働きである外在原理の精神の働きがある。その精神の働きは個の外から、意識作用の外から来る。

内在原理と外在原理はその働きが根本的に異なる。外在原理は、個から発する内在原理に対して、それは宇宙に根拠を置く個を否定する原理である。

そこでは精神つまり私の精神が、宇宙の原理に飛び込むことが求められる。私の精神は宇宙の中に囲われて在る。私の精神は意識作用に拘束されていない。精神が対象世界に拘束されず、私が宇宙における私の精神が位置すべき所に在る。私の精神は宇宙に開かれ宇宙の原理を受け入れる態勢で、精神は浮かんでいる。そこに私の精神の存在空間を形成しなければならない。人の精神は外在原理の働きの下に入る必要がある。

昆虫、生物が周りの空間の形態に擬態することがある。木の枝そっくりな昆虫、植物の葉に溶け込んで見つけ出すのが困難な生物とかがいる。周りの環境の色に反応し、個体の内部からその色に適応順応することはあるとしても、模様や形態を個体の外部環境と一致させることは、個体が自ら内部の意思の能力で獲得できるものではない。個体が木の枝の形態情報を意志し、念じることで個体の遺伝子にその情報を取り込むことができるのであろうか。個体の側からの働き掛けで環境の側の複雑な情報を取得できるとは考えられない。

高度な擬態においては外在原理の展開を設定しなければ理解できない。擬態においては個の内部からの力を否定する力が見られる。個が内部からではなく、外部から形成されている。外在原理が内在原理に優越する場が在る。

そのような擬態は空間が書き込むのであり、個体自体が選択し取り込むのではない。情報は非生命である宇宙が生み出す。そこから転写されたものが生命である擬態に書き込まれる。それは宇宙の外在原理である根源的な在り方による。

宇宙に展開する情報は、生物が擬態としてその姿を現すように、宇宙からその情報を生命である個体が直接受け取る。生命である個体に全ての情報が現れる訳ではない。情報は生命である世界に在る情報だけではない。

情報は生命である個体に局所的に書き込まれた情報と、非生命として在る宇宙そのものに展開する情報がある。思考の働く空間は対象空間である意識の空間と、宇宙として展開する外在原理の空間で入り組んでいる。

──精神と世界の限界　知識世界は制限されている

思考を縛るものがある。所有欲の過剰は思考を停止させ所有空間の拡大のみを目指すようになる。宗教、政治活動においては、その活動へ集中するほど、思考は拘束される。

動物に思考の限界があるように、人の思考にも限界があるが、人はその限界が達する地点を見ようとはしない。知識の探求を続けて行けばなにでも知ることができ、人の思考能力は万能であると思っている。動物のように限界に閉じ込められた世界と、限界を越える方向に向くことを自覚した世界とではその明るさの違いは明瞭である。

動物の能力に限界があることを人は良く認識できるように、人間においても様々な能力、精神、体力、社会にはそれぞれ限界があり、その限界を見つめなければならない。あらゆる場面の限界について考えなければ、それぞれの問題は解決できない。人は今の限界を乗り越えようと努力するが、そのような今の限界の外に乗り越えられぬ真の限界がある。それは種としての限界である。あらゆるものを無限の可能性で語るのは、その働く機構について無知を示しているに過ぎない。いかなる働きにも限界、そして制限するものがある。ものに限界があるのは理解しやすいが、精神において観念の働くその働く場である空間にも限界がある。観念はいかなる制限もなくどこまでもその能力を発揮すると暗黙に思われていないだろうか。観念の働きは人の脳の機能の制約に制限される。だがそのようなことを考えることなく、人は観念を膨張させ、対象世界をその膨張で支配しようとする。観念が膨張し拡張することに、人は注目し抑制する意志を持たねばならない。

無限、絶対、無、一、全体などの極限を表す観念がある。だがそれらはそれらの極限に到達することはできない。人の精神はそれらの極限に到達しようとする観念を人自らの制約された精神の働きに矮小化しようとする。

極限の観念は日常の観念にまとわりつく。極限観念は日常の現世観念の上に虚ろに膨らむ。揺れ動く日常の観念は極限の観念を自らの拠り所としてきた。極限の観念は極限そのものを全的に表すことはできない。生きるということは限界に囲まれ、限界の中で生きるということである。日常の観念における思考と極限観念における思考は異質でなければならない。

不安定な現実の上に、極限の観念が膨張して浮かぶ。それは現実世界で浮遊している。極限の観念は絶えず日常の行為の上に持ち上げられ、その観念が浮かんでは、消滅する。精神の極限において観念を構築することは、現実の不安定の上に、消滅へと傾斜しているものを置くことである。極限観念は絶えず人々の意識活動により持ち上げない限り衰退し消滅する。

人は生きることのできないものである極限の観念を偽装する。人の意識の中に極限というものはない。それは意識の中で意識空間が圧搾されたものに過ぎない。

構成世界は閉じることで機能する

意識が創り出す現実は予測可能な世界を形成する。そしてその可能な空間は組み合わせを増殖する。意識空間は解られうるものの集積体であり、それを保つために閉じられている。閉じられることによる保持は集積を促進するが、精神の能力をも閉じ込める。

思考空間とは脳空間において観念や像などによって形成される空間である。思考はその形成の限界によって制約されている。

どのような理論もそれが構造を持つゆえその構造の構成の制約の限界により行き詰まる。構造が壊れないと限界を突破できない。突破できた限界をどのように認知生成するかが問題となる。

構造は内部の構成と外部との結合により保持されている。構造が壊れるとは、内部からの自壊により壊れる。また外部からの圧迫に対抗しえなくなるときに壊れる。しかし外部と対応する要素は容易には見いだされない。見いだされないものを精神に組み込まねば、いかなる進展もない。

構造とは閉じることである。対象構成世界は閉じているから保持されて在ることができている。閉じられていない限りなにかをそこに保持することはできない。しかしそこから出ないと閉じ込められたままになる。対象の志向的意識を離れ、対象を越えて精神を見通せば、それを取り囲むものが見えてくる。世界は構成された構造同士の対立抗争するものだけで成立しているのではない。

閉じられていることを自覚し、開きへの意志を持たねばならない。閉じられている領域は、そこではやがてはそれが開かれる圧力が高まる。開きへは意志を持って対しなければ開くことはできない。その開きへと出るための新たな認識が必要となる。新たな地平に立ち出なければならない。

人は思考空間を形成して思考する。思考は自らを保持するため、思考空間に構造を形成する。自らを保持するため思考空間を閉じた空間にする。思考の構造は閉じられている。

閉じられた思考空間からの脱出が思考を広げる。閉じるという事態の認識に対して、意志がなければ出られない。その事態に対して認識できない状態であってはならない。そうであるとするなら見るべきものが見えてない。

思考空間の中を越えて行くものがある。思考の奥から来るものがある。思考の閉鎖は感情を呼び込む。感情が解放の機能を担う。感情は心から来て、それは奥から来る精神とは異なる現出である。感情は思考を修飾するだけで、思考を越えて行くことはできない。思考を越えるには、奥から来る精神に、目と心を向けなければならない。

空間は閉じられている

閉じられている形式として、意識は閉じられ、そこで断片が構成されることが、現実の現れとしてあり、それが認識される世界となる。そして人の精神はその構成空間を出られない事態に追い込まれている。そこを出られないことはいかなる事態を表しているのか。

空間においては開閉と言っても、空間自体が閉ざされることもなければ開かれることもない。空間における開閉は空間のかたちの認識の変更でしかすぎない。空間とは分割し構成を組み換える場である。空間は同質性の繰り返しでしかない。空間でものは構成され、そしてそのものが壊れる。そこにはそれ以上のものはない。そこにはなにかを越えるものはなにもない。空間とは平面図に投影できるように、分割され切り刻まれることができるものである。分割され切り刻まれることができるものに親しむ者は精神もその投影を受けその態勢を生きる。一方、全体としての精神は切り刻まれることができないものである。空間での構成において開かれることや閉じられることはなにも新しいものをもたらさない。だが、精神において開きや閉じることは新しい宇宙の時代の予感を運んでくる。

空間においては閉じられることで空間が形成される。閉じられない限り空間は形成されない。開いたままでは境界が無いので認識できない。空間においては閉じたものはまた開かれることがあり、また一瞬で閉じられ、閉じられたままその空間がなにかの変移がないままに保持される。空間は閉空間領域で満たされる。空間における閉鎖性は、精神の働きに閉鎖性を押し付ける。

空間そのものは開かれることはない。人が認識する宇宙は果てまで行っても、そこは同一の空間であり、そこは開かれることはない。人間の空間認識能力を越えた領域を認識することはできない。

人は開かれることを求めて開かれた世界に出たと思うが、そこは同じ閉じられた域である。地球を出て別の天体に行ってもそこは同じ閉じられた空間である。そこには開かれるという事態はない。ただ空間が閉じている事態があり、閉じている空間があるだけである。閉じられている中でただその空間の中を移動するにすぎない。

空間が閉じられていることに誘因して、思考が閉じられていることがなにをもたらすか。閉じられていることを認識自覚しないことがなにを引き起こすのだろうか。そして、思考を開く事態とはどのような事態であるのか。そのためには精神の越える動きや越える働きが要求される。

人間は人間の能力の内に閉じられている。人間内世界では人間は人間から外にでることができない。それは動物が生物学的限界からその能力の外に出ることができないように、人間もその生物学的限界からその精神の働きの外に出ることができない。あるいは精神能力の開発により今の精神の働きの外を僅かでも開発し、のぞき見ることができるのであろうか。

対象を構成する世界に果実をもたらす思考と、対象を構成する世界になにももたらさない思考がある。対象構成世界に果実をもたらさない思考とは、人の思考の底に流れ思考を支え保持する精神である。対象世界に対する思考とそれを保持する思考は思考態度を異にする。世界は認識できる対象によって形成された構成世界において構成され、そこから外を見るのは難しい。世界はそこに閉じられている。

人は圧迫された思考で思考している。そこで生きるのは、閉所に狭められて生きることになる。人は対象思考に引きずられて生きている。その外には別の精神の働きの事態がある。人は世界の中であらゆる多様を生きている、だが人の認識の世界において見れば、人は閉じられて生きている。この閉じているという事態を認識せねばならない。そうでなければ今見えているもの以外のものが見えなくなる。思考自体が閉じられている場では、その思考で考えるかぎり閉じられた考えしかできない。

人は元々閉じられた存在であるが、認識の能力が広がっていると、それは無限であると思い込む。閉じているとはそこの外に外部があり、そこから出ることができる可能性があるということに考えを至らさなければならない。

生存は自ら閉じることで生存を維持する。それはいかに閉じる条件を纏うかに掛かっている。人の歴史では、精神が閉じる境域の思考だけに占められる。精神がそれ以外の働きがあることに思いを巡らせる心をも閉じる。

閉じられていることを、守られていることと錯覚する。そしてそこに閉じ篭る。そこに秩序が形成されればそこに安住する。安住できるのはつかの間であり、世界は、宇宙は激動する。安住できるのは人類の歴史また宇宙の歴史から見ると一瞬の時間である。安住している時間と激動している時間を対比すると激動している時間は計り知れないほど長い。

人は制約された生存条件から出ることができない限り閉じられて生きるしかない。人は普通の生活においては対象思考に基づく世界以外なにも考えていない。目の前の世界の構成と所有に追われているからである。

閉じ込められる働き、そして閉じ込める働きを見て行こう。一つの観念があるためにはそこに到達するための工程である進み行きがある。どの観念もそれが生まれる仕組みがある。それゆえに、それらを見て行くことが必要となる。

閉鎖しなければかたちが生まれない。かたちは解放に対して抵抗する。解放がなければ跳躍進展はない。閉鎖していることの自覚はどうすれば持てるのか。閉鎖のシステムの中で機能しているとき閉鎖されていることを自覚することはできない。そこから身を引き離すにはどうすれば良いのか。

意識の働きは対象へ行って取ってくる

構成世界は混乱と錯誤の中で、時間の推移に伴いさらに混乱と錯誤へと向かう。構成世界は閉じられている。それは精神と物質を二元の対立するものとして捉えることからくる。認識の基本は対比、対立を見いだすことである。その認識が高じると、対象意識は、行ってなにかを、対象を取ってくる精神の働きであるので、人はあらゆるものを取り込み抱え込もうとする。一方、対象へと向かわない精神は、行ってなにかを、対象を取ってこない精神であるので、その認識活動から排除される。

現実の構成された認識世界には、対立する二元の争いの緊張しかない。その緊張が続くとそれを認識する意識は拡散し、二元の対立以外の働きをする精神は排除され見失われる。意識が拡大すると、意識は自ら働く位置を見失い、現実世界を対象の取得へと傾かせる。それはいかなる思想も部分において対象の取得で働くしかないからである。

人は意識が構成する世界において二元対立で右往左往する。それは意識に捉えられる対象の対立であるから避けられない。意識の働きは脳の働きそのものである。二元対立は脳機能の働きに添って働いているからである。その精神の立ち塞がりを突き抜けることが課題となる。なぜ二元対立が生まれるのか。それは、本来精神は宇宙の根源から出てくるものであり、根源が精神に現れなければならないにもかかわらず、現実世界の中だけで意識による仕組みを人間世界に造るからである。現実の世界は意識においても現実においてもなにかを取ってくることにより成り立っている。それにより現実世界の対立は、精神の根源の様相と異なったものになる。現実世界の構造が精神の根源を押さえつけ塞ぐ。現実世界は行って取ってくるという意識によって制約されている。脳機能に規制された意識は行って取ってくることがその働きである。それが意識の対象志向の働きそのものである。

構成された世界では、対象を取得する対立から逃れることはできない。それは構成世界が対象の取得の上に成り立っているからである。そこでは構成された対象の取得の対立に巻き込まれるだけで、それは全的な世界に向かうことはできない。だが、対象を取得する現実から逃げ出すのではなく、現実の構成された対象を取得する世界の対立を見はるかし、私は精神の根源へ向くことができる。意識による対象の取得をすり抜けるには、精神の働きにおいて、行ってなにものをも取ってこない精神の仕組みに依ることに委ねられる。そこでは現実の対象を取得する世界から離脱して根源の精神へ脱け出す。それには、世界を超越する精神の態勢の組み替えが求められる。

意識の働きを越えて行く

意識は対象を志向し行って取ってくる。意識は対象を志向し、取ってきたものを脳に集積する。意識は志向し、行って取ってこないことはできない。志向しない、行って取ってこないのは私の精神である。私が向かうのは意識の働きができないことをするためである。私の精神のすべてを引き連れて根源へ向かう。なぜ根源へ向かう必要があるのか。私の精神が動かなければ意識は意識の働き以上のことができないからである。意識は集積的な働きであるが、私の精神は拡散的な働きをする能力である。そして対象でない全体に向かって行き帰ってこないことがある。意識は対象を志向し取得することができるもの以外は、取得することはできない。そこに私の精神が根源へと広がることにおいて在ることを意味あるものにするのである。広がりにおいて在る精神はあらゆるものを受け入れる。そこではなにかを排除する働きが入る隙がない。それは意識の対象を選択所有しようとする強力な働きと正反対の働きである。

意識は投影されたものの働きの集合体としての精神の働きである。意識はその志向する対象へ志向することを変えることはできない。

意識は空間を構成する、投影された空間の形成要素で働くものの集合である。意識は脳の働きとしての空間に張り付けられる。そこから引き剥がすことはできない。意識はそのような制限されたものの働きである。

意識が構成する働きは世界を分割しそれを構成する働きである。それは脳の働きをそのまま反映している。意識は構成する働きの特性を持つとともに分割する働きの作用を受けその特性を保持する。精神のそれぞれの異なる働きの形態はその働きの特性を帯びている様を見ることが重要である。意識は構成の働きをしている機能と分割の働きをしている機能とが見られる。

意識は図式的空間像を生み、現実世界は空間により成立する。精神の働きはその働きの幅を広げることで発動し、意識が対象を構成することで世界を形成し、意識において、空間像に結ばれ脳に格納される。人の精神の働きで構成される世界の空間構成として、脳で構成される空間と現実空間に像を形成することが要請される。精神は自らを維持するために図式化された部分を抱え込む。精神の働きの各部分をどのように仕組むかでその思想が異なってくる。精神の全体の中で図式がどこに向けて働くかがそれぞれの思想の課題である。ここで現実世界を形成している図式的空間像を生み出すだけの世界を越えて行くことが課題となる。

図像の形成は脳の機能であり、脳に蓄積される。それは宇宙の働きの一面を表している。脳自体が宇宙の働きの中の一つの実現である。精神は現実の空間へと湧き出る。精神が湧き出る力として在る。構成された世界はかたちを通して、湧き出る力を押さえ圧する。人は精神が湧出するこちら側である対象構成空間に在ることしかできないので、精神の背後を排除し、精神を意識作用に制限すると、人は脳による認識活動に制約される働きに支配されるようになる。

認識には限界がある

人が明晰なものとして認識している構成世界は実在世界の一面でしかない。人は構成された世界として認識した認識世界と、実在している世界の全体とを混同している。認識しているものは全体として在るものの一部でしかない。認識しているものを真の全体と思い間違えている。認識は自らを認識違える。認識は一面的でしかなく、認識できるもので構成された構成世界はさらに一面でしかない。人はそもそも混同していること理解しようとしない。

しかしそれでは人はただ混乱の中に居ることになる。精神と構成された世界は行き違い齟齬するのが常である。認識は間違え、現実の構成された世界は錯誤を含んでいる。人は正しさと共に間違いを抱え込み生きている。

脳機能に制限された認識のもたらすものが、人類史の所有の争奪と平定の歴史を主導してきた。精神の働きは脳の思考に大半が占められるが、そこを越えた働きが精神にある。

意識の限界とは、脳の働きはそこから外に出ることができないことである。脳機能の中で意識作用が巡り働いている。脳機能は空間認識として制約されたものである。意識の内にいる限り認識の限界に思いを馳せてもそこを越える足場を築くことはできない。意識は対象を求めるので意識の外にある対象を求めないものが潜む全体を見ることはできない。

認識世界は惰性で進む。人類の歴史の進展は必然の結果ではない。意志をもって変えない限り人の世界は惰性で進み、絶えず組み変わる宇宙全体の現実に適合できなくなる。根源から生成されるものはどこから来るかを考えることで、新しい認識へ進み行くことができる。宇宙に崩壊しないものはないが、認識世界が混乱の中で崩壊しないことを求めるなら、そのための知恵を出さなければならない。

言葉にならないものがある

言葉は精神においてその働きを媒介する道具であり、精神と世界を媒介し、言葉の枠を通ることでレンズを通したように良く見え、逆にその枠に制約されたものしか見えない。言葉により動く精神と言葉によらず動く精神があり、それらのそれぞれ働く様相を見なければならない。

言葉は空間を形成し、その回りに思考可能な領域を広げる。対象と精神を結合し、言葉が空間を形成して、その場面が見えるようになる。

思考は言葉の上で進行するが、人の精神は言葉だけに占められそれに依存しているわけではない。その言葉に依存していない精神の部分がある。

言葉は現実の対象また観念としての対象の動きを写すために生まれた。言葉は現実であれ観念であれ、意識や感情の動きが感受されるものだけにより生成される。精神の動きが感受されないものは言葉にならない。言葉は対象として分割され切り出されたものを現れさせる。

言葉は多くのものを抜け落とす。言葉は掬い取るが漏れるものも多い。感情の表出がその事態を覆い隠す。

言葉は人が後天的に、構成世界と脳機能の働きの上に作り出したものである。それは入り組んだ空間を構成しているが、それを越えた言葉により達することのできない、認識が可能な世界を越えた領域が在る。認識できるものと認識できないものの差異により、認識できないものを認識することができる。認識できないものがそれだけで在るのではない。それは認識できるものとともに在る。思考はその思考に合うように精神を制限して成される。

観念自体は構成された世界との間で、観念と現実世界が一致している訳ではなく、ずれを内包している。このような場で観念は自らを問わなければならないのに、周りを考慮することなく、観念として孤立し固まり、主張を強める。観念は精神が模索し移り行く一つの姿にすぎない。

観念は精神が生み出したものであるにもかかわらず、固着した観念は精神を引き回し毀損する。人の歴史では観念と精神が統合していない状態がある。観念は脳機能の一部の働きと心機能の一部の働きが統合されて生まれる。

思想

ある思想は一つの断面に立ったものであるので、その全体の動きを考えるとその思想は間違える可能性を抱え込んでいる。人はその思想の根拠を確定することはできない。いかなる思想も一面的であるので、その思想の強い主張は軋轢を生む。人は真理を語ることはできるが、真理を決めることはできない。ただ精神をどう使うか、精神の使い手になることが人に委ねられている。人は精神を使いこなさなければならないが、使いこなすことはできていない。精神の根源は分割できなく語ることができない対象でないものに潜み、そこからそれらが現実の構成世界に展開し現れる。

人の精神には実現された言述世界とそこから排除され隠された世界がある。なにかを言うことは、言いえないことを排除する。人の世界とは言述されたことに関心が集まりそこに生み出されるものを取り合う世界であり、言述されないことに人は振り向かない。だがそこに精神はまだ生み出されないものに向く動きを秘めている。

思考

世界に人が認識する構成世界が出現し展開する。人は構成された世界を生き、その世界を認識して生きる。その認識は見る位置を定めた、自己と対象の関係が定まった位置から見られた思考による認識である。構成された世界の展開はそのような定まった位置からの思考によって見られた世界である。展開した世界は定まった位置思考によって認識されることに依拠している。それは構成世界が対象の構成によって形成される世界であるからである。

人が認識するのは空間に張り付いた思考である。構成は空間に投影されその次元に張り付く。思考も意識の動きにそのまま連れて働く。意識空間における思考は思考される空間面へ投影された思考である。人は精神の一つの働きである意識の投影ができるようになったため、空間構成ができるようになった。

私の精神を深める思考、それは根源を覗き込む思考である。そこでは私の精神が深まる。意識は対象に遮られその奥を覗き込めないが、私の精神は深みへと私を通って思考することができる。思考が対象世界を透過し私の精神を流れる。

しかし、精神が構成世界に出現する地点においては、思考の位置を変え視点を変えない限り、出現のかたちを見ることはできない。そこではそれを見るための意識による空間の距離を取ることができないからである。

人の認識世界は人が対象を構成する世界に生きており、そこに全面的に依拠する以上、その世界は人に常にその認識可能面だけを見せている。人が生きているのは対象認識可能世界であり、そこが人に開かれた窓である。認識可能空間は人に対して囲い込まれた領域である。人はそこに囚われている。

この囲い込まれ閉じられた事態は思考形式の枠組みによってもたらされている。これを解決するのは困難であるが、解決しなければならない。

そこからその外に出ようとする問いと意志がなければ意識の閉鎖空間に留まったままである。問いとそれを進める意志が在れば精神は乗り越えて行く。乗り越える勢いが増せばさらに精神の事態は新たな局面に出る。

思考態勢はなにがどのように違うことで異なった態勢としてあるのだろうか。精神の中で私の働く姿が変わらない思考と、精神の中で私の働く姿が変わる思考はそれぞれ異なった思考の態勢である。それらは精神の態勢が違う。いかなる構成にも蝕むものがある。精神にも蝕むものがある。それが危機状況にならない限り蝕むものに気づかない。構成組織においてそれを崩壊させる要素を発見し除去することが求められる。

解り得るものだけの構成世界の思考では思考が低い次元で成されている。意識の働きを主とする精神では、深みに到ることはできない。

ほとんどの思考が条件反射による思考である。対立する思考は条件反射で対立しているにすぎない。条件反射による思考は深い思考はできない。人は深く思考しなければいかなる進歩もない。そして新しい思考の地平に立つことはない。思考の変革がなければ、人類はただ対象が構成するものが累積するだけの世界にあり、そこでは真の根源への進み行きはない。

考えることと考えをなぞることは異なる。人は考えをなぞっているだけである。考えるのと、ただ考えをなぞっているだけなのは全く異なる思考過程である。考えることは予測がつかない、考えをなぞることは予測的に進むことであり結論も予測の内にある。考えをなぞることはなにも考えてない。考えるためには何か新しいものを見つめなければ考えられない。考えるとは精神の新しい形式の展開である。

思考は意識の空間において成される。空間とは脳の構成空間が強く反映されたものである。だからそこでは私が消える。思考は観念網を張り巡らす働きである。思考のほとんどは意識という働きの入れ物へと落ち込む。しかしそこには落ち込み切らない、思考空間に現れ切らない精神がある。

対象思考を離れることで、そこに新しい思考が開かれるのであろうか。対象思考は思考を閉じ込める。対象構成世界という閉域に閉じ込められればそれ以上の思考はできない。なぜ閉じ込められるのであろうか。閉じられた領域でなければ思考できないのは、そこでしか構成要素を把握できないからである。そのような思考は制約された思考である。

なぜ対象思考領域の外を思考できないのであろうか。その内と外は質においてどう違いがあるのか。思考は対象領域の内部に籠り、内部思考は常に閉塞する。

思考が固定するのは、固定した思考枠、思考回路に嵌まるからである。閉領域では流動が欠如し固着が起きる。意識は固着する特性を持っている。

思考は生きるためには、構成体の中と外を探索し、構成体を育み、そこを行き来する必要があるが、精神を全的に働かせるためには内を出るという精神の態勢を立てなければならない。

―精神　それぞれの働きは孤立している　現実世界は混乱している　現実は崩壊してゆく

精神のそれぞれの働きは連携が不足しており、それぞれの働きが孤立している。感情、対象思考、超越感受はそれぞれ異質で、それぞれの働きから他の働きに移ることはできない。それらは孤立している。他の働きに移るためには、新たに自らの働きを立ち上げなければならない。精神は移入し、移り変わらねばならない。それぞれの働きの孤立がそれぞれの限界を深める。

認識の限界を越えた所に、そこに精神の深みが現れる。対象となるものだけである構成世界として組み立てられた働きの向こうに深みを見る。精神のそれぞれの働きの統合が求められ、そこから精神の根源に至る道が思考に上がるが、統合は困難である。精神の深みという考えは現実世界の関心の中にないとしても、それはそこに向かう私の意思として在らねばならない。

空間は時間の停止によって形成される。空間は脳の働きが空間の働きに専有されている脳空間に構成され固定される。意識は空間という投影された断面を脳空間に形成するだけである。意識は空間において形成されているので、全体は見えず、時間が排除された空間の側面が見えるだけである。空間は全体を現すことができない。そのような精神の裁断面に、感情が移入され、擬似的な全体性により不安定化し、矮小になったり誇大になったりと精神は定まることはない。

現実世界の不安定、混乱は何が原因で起きているのだろうか。精神生活を成り立たせているものは、精神の働く態勢である。精神の根源の態勢と実現されている現実世界が捩れているから世界は不安定で混乱しているのである。精神が本来の精神を現実世界に実現してはいない。

人間の悩みは世界と精神の末端である対象にこだわればこだわるほど混乱が起きることである。現実世界は混乱と狂喚の世界である。

精神の働き

意識の働きが精神の動きの中でどのように働いているのかという精神全体の働きの形態の解明を実現しなければならない。

世界は表面的に解っていることと見えているもので構成されている。人は意識に解っていることと見えているものの中で生きている。さらに世界にはその表面の下に深みが在り、そこでは解っていないことや見えていないものが蠢いている。それらは深みから私の精神が世界へ救い上げなければ世界に現れない。精神の働いている姿を意識作用による一方からではなく精神の働きにおいて全方から見る必要がある。全方へ向かうには、向かうのは私であるので私がその意志を持たねばならない。精神がどう働いているか、その深みで働く対象とならないものの働く仕組みはどうなっているのかを見なければならない。意識は対象を構成する精神の働きの一部を見ているに過ぎない。

対象を構成する働きと、精神が深みで働く働きはその働きの過程を異にする。世界へ精神が入り込み働く働き方は一つではない。それらの様相が人の精神が世界において働く姿に現れる。そこに精神の形式の諸相を見なければならない。これらの複合的に働く精神を知り、自らの精神を制御することが精神において錯誤に陥らない道である。精神において人は道を誤ることがあるのを知らなければならない。

人はだれでもが思考するが、それが正しくなされていないのが見られる。精神は現実の働きとして与えられ現れたものがそのまま用いられれば良いのではなく、精神が全体として働く正しいかたちが人に与えられなければならない。今あるままの精神が正しい訳ではない。

精神の統合

精神の働きの統合の仕組みは、意識による対象の構成作用によって作られるわけではない。意識の構成原理によっては、統合はできない。統合とは精神の全体に関わる営みである。意識による構成は意識の働きに切り取られた世界の部分的な眺めである。

宇宙にある精神が世界を導くのであり、構成された世界は認識により導かれるが、構成された世界が精神を導くのではない。精神において、意識ではなく全体としての精神が世界を支えている。その保持された宇宙としての精神が世界を導き創り、世界を開く。私から発する全体の精神が、構成された現実の世界に現れるのを見届けなければならない。精神は正しく使い現れなければならない。だが、現実にはその使い方が偏っている。精神は統合する力であり、全体に向かう精神の統合の力が世界を導く。統合する力はなにから生じるのかが問われるのを注視しなければならない。世界が拡散する中で、精神が統合する働きにおいて、生み出すものと生み出されたものの生成の光景が現れる。生み出された世界は新しい認識世界として現れる。

精神の根源を見直し、精神の能力を高め、精神の全体として働く仕組みを建て行かねばならない。精神の働きを伸ばし拡げ、精神の新たな伸展の動きを掴む。そして精神の深みの動きの感触を言葉で捕らえる。深みから生み出すものの根源は認識できず、それは対象とならないものであるが、それを精神の自覚として保持せねばならない。

精神によって導かれた世界はその統合性を、働きの複合により現す。そして根源世界と構成世界は入り込み組み合う。構成世界と精神の関わりの形式は変化しながらかたちを変え進んで行く。だが、人は精神の自覚において生きようとはせず、現実を構成する意識により構成された世界がざわめくままにそのざわめきに押し動かされ生きる。

構成された対象世界の思想が唯一の真理であると主張すれば、精神世界を狭め誤らせる。一つの思想のために他の思想を否定するとき、そのことによって自らは否定されるであろう。あらゆる思想は一面を表現しているにすぎない。他の思想を排除しない考えへと向かうべきである。


根源である精神が入り込んだ世界、根源へと向かう精神が浸透した世界は対象が構成された構成世界とはその在り方が違う。文化を創造する活動において、人はその創造する主張に精神を移入しようとし、生産活動においては、対象物を構成しようとする。現実の構成された世界活動はすべて精神の活動であるが、そこには精神の活動の様々な異なる態勢が混じり合っている。この活動は誰もが日常として行っているものである。しかし人は精神を生きていて何かの感受を受容していても、その精神の全体の働きを自覚しないで生きている。他の精神の態勢を取り込むためには精神の態勢をそれが取り込めるように組み直さなければ取り込めない。

現実の世界に入り込む精神は、精神機能の複合した精神であり、精神の異なる働きが積み上げられた精神で、それらは複合して作動する。一方、意識は直線的な空間構成の精神で、意識は空間認識機能として働き、単一機能の精神である。

対象構成された世界は、それが増殖しても同じものの増大であり、分割しても同じものの断片である。世界は精神が移し入れられたものと対象が構成されたものの織り込みにより形成される。人はこの織り込みの縦糸と横糸を混同して引っ張る。錯誤が起きるのは対象に対する執着が大きくなるときに起きる。構成された対象を引き抜こうとするとその全体世界は壊れる。精神が入り込んだ世界と対象が構成された世界はその働きが異なると共に、それを認識する形式も異なる。

人は実際、構成された現実の世界の実生活の中で生きている。現実の根源の世界は精神が移し入れた世界と対象で構成された世界とで形成されている。人が生活している世界は、単一の構成世界の動きだけで進行しているのではない。精神は働きの層が積み重なり、世界は異なる世界の動きが入り組んでいる。その積み重なりを掘り進まねばならない。

意識の単一の働きに集中することが人の現実生活で効率よく成果を上げることになる。だが、意識の単一の精神の働きだけに依拠すれば精神は大きく傾く。しかし意識の働きから離れると精神の働きの能力は拡散してしまう。その拡散を乗り越え、根源の精神が働く仕組みを構築しなければならない。精神の力の複合した組込みとして捉え、その入組む様相を見出さなければならない。

世界とは宇宙の原理である精神が実現された世界である。人としての精神の実現の歴史は未だその初期の段階にいるにすぎない。人は精神の表面を撫ぜているだけだ。精神の現れとしての世界の現れ方を見つめて行くことが進むべき道である。対象の構成の探索だけでなく、精神の複合した入り込みの探索もしなければならない。

人は留まらず浮遊していては生きられない。人は世界を生きることで精神を統合しているが、そこには混雑混乱が入り込む。人の日常生活での精神の統合は寄せ合わせである。人は論理で突き進んでみたり、感覚に身を委ねたり、感情を爆発させたりして生活する。そこには精神の働きを統合しようとする意志はなく、精神の一部の機能に引きずられて生きる姿が見えるだけである。精神での統合とは、思考、直感、感覚、感情など精神の機能を組み合わせても統合できない。根源からの精神自体が持つ力で統合し、精神の根源の統合する力によるしかそれはできない。

意識と全体性

現代人の精神は意識という精神の一機能の認識形式に押し込まれている。意識は全体性を思考することを奪われている認識形式である。意識において全体性を形成しようとするとそれは歪む。

人はいかにして全体に到達することができるのであろうか。そもそも宇宙自然の全体というものは人が到達できるものなのかが問われなければならないであろう。全体を発動させるものを見いださねばならない。それは精神を正しい地点に引き戻すものである。

人は構成された世界の中でどのように全体性を生きることができるのか。日常の生活においては意識の断面性を感情の全面性が覆い隠す。それにより意識が断面の集積であることが隠蔽され偽りの全体性が支配する。それが人の生きている現実である。

全体の外にいて全体を対象として論じる意識は常に全体から逸脱している。全体の中に居ることの自覚がなければそもそも全体について語り始めることはできない。全体の中に居るには強い意志によりその位置を維持しなければならない。全体の中に居るのではないのに全体を標榜する、断片世界の上に居る偽りを抱いた哲学や宗教が現れる。

意識世界はそこではすでに全体性が破綻している。意識では全体を観念として外から見る。そこでは全体は部分でしかない対象として在るしかできない。意識はなにものかへの意識である。意識とはなにものかへの意識であるが、だが、意識は根本的になにものかからの意識であることを意識は認識することがその成り立ちにおいてできない。

意識とは対象を意識することで成り立っている。なにものかからを意識すればそれはなにものかへの意識に過ぎない。なにものかからを意識しないならそれは意識ではない。意識しない意識というものはない。だが意識しない精神はある。それは対象を志向しない精神である。それは意識でない精神である。

意識は精神の働きの一つの働きである。意識の働きは精神を巻き込む。しかし意識は意識しないことでなにかの働きを成すことはない。では意識しないこととはどのような働きであるのか。なにかを考えることはすべて意識することになるが、意識作用に思考を引き込めば意識の中の循環に入り込んでしまう。新しい地平に出で立つには、意識しないことの精神の働きの道を見出すことに進まなければならない。

それは意識の働きとは異質な働きをする精神の働きである。

意識は精神の働きの側面性を見せる

全ての思想、さらに全ての科学思想は側面性的であり、それが全的であることはできない。意識による認識は側面を見ているに過ぎない。人は意識による対象の所有に捕われ、側面性でしか生きていない。意識においては全体を目指す観念は、極限に至るとも達成されることはない。

見えている現実は全体から切り取られ構成され側面を張り合わされたところの現実である。全体は、私の精神から後退し、世界に投影された現実から隠れる。ところどころで私の精神はその一部を現す。その動きは現実が構成される動きと異なる。

そのように異なる動きをし、全体への接近を阻害するものはなにであるのか。分割された対象を閉じ込めた構成世界は制限性、限界性、側面性に現象させられ現実に押し出された世界である。根源として在るものから押し出された世界は、側面に投影された現実の世界として在る。

現実は投影世界により形成される。投影作用が世界を生み出し現実を生成する。だが投影世界による現実が全体への接近を妨げる。投影世界は感情を巻き込み構成されるので、それが感情の全体性によって全体世界であるかのように振る舞う。精神は与えられた世界の中の個体における制限の中で生き働いている。構成世界は構成世界の外へ出ることはできない。

すべての思想は側面的である。なぜ側面的であるのかというと、人は時間を認識できず、空間しか認識できないからである。人の認識には部分を構成する空間が側面として現れることしかできない。思想つまり認識世界は、要素の構成、積み重ねでしか形成できないからである。人は認識において全体を認識することはできない。全体に向き合うのは、意識による認識から離れて、空間認識を越えたとき、精神は全体に向き合うことができる。人はその試みをして来たが、それはほとんど不可能なことであった。ただ意識の疑似全体性である絶対とか一とか無とかに精神を委ねるしかなかった。人類の科学技術世界の達成の先にあるものは、意識による成就が困難な全体の体現である。その困難の中で向くべき方向は私の精神へ向くことであり、認識が統合された私の精神から全体に向かうことが僅かな可能性をもたらしてくれる。

現実の世界

宇宙の時間の流動の中で、精神が構成するとはその流動に対して、かたちが現れることである。精神は時間の流動の中でかたちを形成することによって流動に抗しそれを制御する働きとして在る。その流動そして精神の対抗がかたちとなったものが現実として認識される。客観的現実として見えてくるのは、精神が時間の流動を脱し、分割された対象を構成する働きがかたちになるからである。それは構成された世界で、分割できる断片の集積である空間に、その断片の構成として客観性を纏って現れる。現実世界とは現実としての見え方によって見えている世界である。現実世界は常に脳の働きに基づきそこに落ち入り働く。そして所有という囲いに追い込まれその中で奪い合う世界である。

構成世界は不安定なまま在る。そこではその構成が絶えず組み換えられるだけである。それは、対象となるものから観念へとそして現実へと対象を所有して、行って取ってくるシステムである。構成された世界は絶えず対象の構成が組み替えられる。組み替えが絶えず行われている。構成された世界はどこに向かっているのだろうか。意識に所有されているものが絶えず組み替えられている。構成世界ではなにものも構成される素材であるので、それらは崩壊する世界の傾斜の中に在る。

所有してしまうと私の精神は変わる。精神を変質させ、精神が所有を守ろうと所有に向き直る。それを維持し他を排除し所有したものを守ろうとする。意識作用から逃れ出るのが困難になる。それは構成された世界へと狭められた生を強制する。所有に追い立てられ自ら囲い込まれた意識へと追い込まれる。所有は意識を追い立てる。追い立てられた意識は構成が混乱し錯乱する。精神がこのような事態で良いのだろうか。

所有は精神を切り出す。意識に拘束された対象構成世界に囲われ切り出された精神とは、所有の争いしかない騒乱の世を見るように、見るに無残である。

精神の在るすがたに応じて、現実世界は在るが、現実を通して精神のすべてが見える訳ではない。精神と現実の世界は対応しているが、現実の世界に精神のすべてが現れているのではない。精神の流れはその担う役割によりそのかたちを異にする。精神が一方向に現実に現れるだけでなく、現実世界が精神に負荷をかけ、現れを引き起こさせる。

現実世界と精神の現れは、私において現れるのであり、私の精神に現れる精神の動きを私が見つめることによって現れる。そこに現実世界のかたちが現れてくる。現れにおいて、精神と現実世界は互いに相い対し感応するが、不均衡である。その不均衡が精神と現実世界の感応の流れを歪める。

構成される世界はその生物の精神能力の範囲内でしか構築できない。だが、構成される世界の構築には、そこに根源の深さが隠れていることが見出さなければならない。構成された現実世界は根源から現れ、根源の土台の上に築かれているということを認識しなければ、構成された世界は断片の集積に過ぎない。

精神を発動するとは構成する思考から距離を取り、構成する精神とはその働きを異にする働きを働かせることである。それは精神の深みから発し、精神の深みに向き合うことである。精神は普段、精神の表面である意識作用において働く。対象を構成するのに精神の深みに降りる必要はなく、精神の表面だけで働けばよい。世界は大部分表面上での対象の奪い合いの争いの世界である。そこにおいて精神が発動するとは、真の精神の全体性が回復することである。だが根源からの時間が脱落した状況が持続し、精神が発動する意志の力が低下すると、精神は現実の生存空間である構成世界の隅に追いやられる。

意識は現実の世界を構成し、その構成機能は意識空間に結実すると、現実世界は対象で構成された世界を拡張しようとする意識に取り憑かれる。意識空間は拡張の意識に憑依され、そしてそこにはなぜそのようになっているのかを検証する精神の動きはない。

思考において意識作用が精密、精緻になればなるほど、一方で意識作用は硬直になり精神は強ばる。意識作用は有象無象入り交じる世界を、純化し抽象空間化してどこまでも見通せる純粋空間に転じてしまう。そこでの思考は現実の構成された世界に在るものの断面のみで張り巡らされる。そこでは人の思考には解り得ないものから来る根源の深みがなくなり、思考が同一の反復の構成になる。流入するもののないどこまでも見通せる空間は、流入するものの根源である時間が遮断された抽象的な意識空間である。そこでは思考がある方向に傾き、その外が排除され見えなくなっている。思考が意識作用に傾斜することは大きな偏りをもたらす。宇宙世界は人の現実において構成された世界であるが、そこが意識空間に閉じられ、そのことを認識できないのは人の精神を不安定にする。

対象の内には入ることはできない。対象をいくら分割してもその分割されたものの内に入ることはできない。対象とはその外から見る構成体でしかない。構成体の内は認識できない。宇宙自然においては、内を見るとき、外側で構成された対象構成世界とは異なる世界がある。

対象はそれを個体としてその外からしか見ることができない。個体を外から見るとはどのような事態であるのか。これがその個体をさらに個体に閉じ込めることになる。個を分割して中に入ってもそれは同じ個である。そのような事態とは異なる精神の働きに精神が在らねばならない。世界は個とか素粒子の集まりのような内に入り込めない、人の認識能力によって形成された世界であるだけではなく、心においては様々な様態のものがその内に入り込む精神により成り立っている。

意識における空間像はその内に入れない。その対象の外をうろついているだけである。意識において見た対象はその内に入ることはできない。意識における対象はそれを外から見るだけである。この奇妙な感覚はなにか。意識の働きによる像の組み合わせは自由にできるが、それらは内に入ることのできない個体化したものである。

意識の生み出す対象の内に入り込むことができないということが精神に大きな制約を与えている。視線、思念、心の働きはその機能的構造を異にしている。意識は世界を分割し構成するだけであるが、その対象世界の外に逸脱することを拒否している。それを乗り越えるために意識により構成される対象世界に、根源の精神が入り込んでいる仕組みを現われさせなければならない。

意識の発達は、本来の精神の固有の動きを見失い、根源の動きを喪失して固着する。精神は根源から動かされてあるものである。動かすものを見出しそれに向かい合わなければならない。その動きとは人本来のものではなく、人が宇宙の本来の動きに合わせて存在しているのに、現実の人の世界はそれからはずれ、対象の構成だけに生きている。

現実とは構成された世界

意識における理性の働きによる認識とは、精神の働きの一象面にしか過ぎない。認識された世界は構成された世界の一象面であり、認識で見えている世界は世界全体の一側面を見ているに過ぎない。精神の全体はその認識の象面を越えて働いている。

構成世界は人の精神の諸機能によって生み出されたものが重なり合ったものである。認識によって構成される対象世界は部分として世界を形成している。構成世界とは分割されたものが構成された断片の集積体である。認識とは街角に立っている様なものである。そこから見えるものしか見えない。

人は構成された現実の世界にどう向き合い、どう向き合わなければならないのか。現実の世界は圧倒的に強制的であるが、だからといって現実の構成された世界が一方的に精神を導くものではない。構成世界はひたすら拡張する。そして構成された世界はそれゆえに崩壊へと傾斜している。人はそれを見ているだけでどうすることもできない。構成された現実の世界に心を置く者は、心が定まることなくさまよい迷う。構成された世界はそこがすべての始まりではない。現実の構成世界は絶えず新しく生み出されて行く。構成された世界そのものは、その外からのなにかを生み出さない。そこは生み出されたものが滞留する場所である。

現実世界は混乱した世界としてある。それは精神が混乱を含み、本来の正しさの中で安定していないからである。

現実の世界は対象を構成する人の意識が生み出すものが、生み出した世界である。それは現実の世界がどこから生み出されたかは解らない。ただ生み出されたものが世界に投げ出され人の世に在るだけである。そしてその片寄った在り方が人の世界観となり、それはその姿に固まる。その生み出されたものは人の認識形式によって形成された片寄った世界である。

宇宙の認識、科学技術世界、文化世界、精神世界など人が作った世界は認識世界であって、認識世界として閉じられたものである。閉じられたものとはその外が在るということである。そしてその外は解ることができない。それは認識できない世界である。それが在るという認識だけが人に与えられている。このことを認識世界に組み込むことが課題である。

構成世界は混乱している

人は現実の世界である構成世界から逃げることはできず、構成された世界に直面して生きねばならない。その世界に対処するため、人はすべてに完全に対処することはできない以上、混乱また混濁を受け入れ生きなければならない。人の能力の一つである感情の主導で対処しても、構成世界の軋轢を押さえることはできない。構成世界を作動させる精神の働きの一部である意識の対象構成の働きとして、対象の取得に巻き込まれそこから抜け出るのは難しい。感情で統合を果たそうにも感情の能力はあまりにも小さい。

現実の世界の混乱とは、対象の構成による対象の取得があらゆるものを浸食して行くことによる。構成された世界は単純に対象現象ではないが、それは人の精神の働きが歪であることから起きる。幾つもの能力が実現された現実の混在する生活世界は、あらゆる機能の精神活動の集合であるので精神能力が跛行する。混乱の最も深い原因は、生命の営みの隠された働きとその認識の解離にある。

分割されたもので形成された構成世界を人は意識形式で構成し、感知や感情の成果を取り込み、全体世界を作り上げているが、それぞれはそれぞれの場で働くだけのものであり、精神の根源から立ち上げられたものではない。現実の構成は歪んだ表面で形成された世界に過ぎない。

歪みが修正された世界とはどのような世界なのだろうか。人は理想を語るが、それは構成世界に展開され、現実の対象世界に内包されたものであり、その閉鎖された世界では理想は実現されることはない。そこに留まらずその外の根源世界から正されなければ理想はもたらされない。

人の精神に平穏はあるのかというと、ない。平穏は困難なものである。なぜなら構成世界の根底である精神の基底が正しく整えられていないからである。

対象思考は他の精神活動を覆い隠し、構成する世界を突き動かす。構成された世界は全体の精神の働きを受け入れず、精神の仕組みを曲げる。

人は現実に構成された世界に組み込まれた部分を生きている。構成された世界の目の前には部分しかない。人は構成された世界の部分の構成に閉じこめられている。個はその混乱を引き寄せ集める。個という部分への閉じこめの仕組みを人は自覚して、精神に組み込むことが課題となる。そこに個と全体の問題が現れる。現実の世界はそこに在るものとして単に肯定すればよいものではなく、精神がそれに対抗して進展すべきものである。

構成された現実の世界は分断分割する力に支配される。構成された世界は断片の集積でしかその世界は成立しない。それが世界の混乱として現れる。人は構成世界の断片化を断片世界として維持して行こうとする。

個への分断分割に精神はどう対処すべきか。それが構成世界であり、それを越えるには全体としての精神に目を向けるしかない。全体としての精神の諸機能の統合された能力の世界への参入により、世界を精神に引きつけて見よう。

構成世界は宇宙の真実ではない

物理世界としての構成された世界は同一の繰り返しの世界である。構成された世界が同一の繰り返しであるとしても、私の精神が同一の繰り返しであっていいのだろうか。構成された世界とは人が現実世界として直面している事態である。それは単純な出来事ではなく、そこには複雑な精神の働きが絡み合っている。解り得るもので形成された構成世界とは人間が認識する認識世界にすぎない。構成された世界が宇宙の真実に近いわけではない。構成世界はただそれが人の空間認識能力に認識された現実であるに過ぎない。宇宙の真実により近いものは人の精神にあるが、構成世界に宇宙の真実そのものは存在しない。そこで宇宙の真実を主張し他を排除するものは虚偽を述べているにすぎない。認識により直面している世界が現実である構成世界で、それは宇宙の真実に近いものであっても宇宙の全体の真実にはなれない。構成された世界は宇宙の真実から乖離するが、それは現実の構成された世界が、人が認識活動をする世界であるからである。そこにおいては認識から遠く離れた自然に人は擦り寄り、宇宙の真実に身を寄せようとする。宇宙の真実から乖離しているとは、人の認識能力が未だその段階に止まりそれ以上には達していないということである。

構成世界は生きた精神上にない

分割されたもので形成された構成世界では空間に描かれた構成の図式だけが理解されており、そこに根源からの精神はなく、この精神態度が構成された現実世界に持ち込まれると、人は精神を生きていない。認識において構成の図式を生きるとき、人は精神を全的に生きていない、ただ情緒と感情で精神を補いそのことに満ち足りているに過ぎない。対象を構成した図式に生きるとは、精神が切り取られ認識に貼り付けられて行くだけである。構成は図式がなければ成立せず、それは空間を分割し形成する。

構成世界が空間に現れるのは、現れる形成された空間として現れる。現れる構成世界は空間形式でしか現れることができない。対象の認識とは空間の形式を追認することである。精神は構成される世界の実現において現れるが、それは空間形式として現れる。ところが空間形式として現れないものが在る。構成された世界に現れ切らないものが在る。それは分割できなく、構成できない認識できないものである時間である。

構成世界を見るだけで、構成世界がどのようにして在ることが可能になっているか解らない。それは精神の根源により支えられているので、その根源が解らなければ、構成世界は解らない。根源から支える私の精神がまず認識されなければならない。

精神は精神の内だけの働きではなく、精神は現実の世界に関わる。精神は現実世界へ働き、自らそのかたちを変える。現実世界の認識は精神と照応した世界である。その働き合いの入り込みを仕組みとして認識しなければならない。

――精神が働く私という精神　現実世界で所有しないことは不可能である　それでは精神世界で所有しないことは可能であろうか

「向かう力」としての意志

私とは私の意志を核として働く精神活動体である。その意志の向かう働きが私のかたちを作る。意志は根源に向かう私の精神の態勢である。その意志は認識を越えて、時間の現れにともない、根源へと向かう力として在る。時間は自らが現れるとともに、向かう力を現れさせる。私に現れるその力としての意志は根源に向かう力である。対象を志向する意識は対象を志向し、見て、構成する力として働くことに制限されている。精神の根源へと向かう精神は宇宙自然の拡散する力と、根源へと向かう力の現れであり、その力の体現である。向かう力は宇宙自然の流動であり、時間はその力である。時間は精神に現れ、精神の全体の現れを受け入れる。時間は全ての向かう精神を人にもたらす。

私の精神がなにに向かうのかは解らない。私の精神は宇宙に向かい来て向かい行く。流動は宇宙を流動するが、その流動は私の精神の流動である。それは意識の対象であるものの現れではなく、私の精神の現れとして在る。意識が対象を志向することに私の精神が留まらないためには、私の精神はどう振る舞えばよいのかが問われなければならない。意識は対象を志向し、私の意志は根源の現れに向かう。精神は意識にとらわれずにもっと自由であるべきだ。

向かい越えて行く

意識の中では意識がなにものかを志向し対象に向かうのであるが、意識は意識を越えてさらに遠くを志向することはできない。意識は意識が志向する対象にその進み行きを遮られる。意識が構成する世界から遠くへ向かうには、私の精神が向かい越えて行くしかできない。私は私の精神において向かい越えて行く。意識は対象で構成された世界から離れず、根源へ向かい越えて行くことはできない。意識においては、時間は流れない。意識は空間構成能力として視線のように見るものにまとわりつくだけである。意識における視界は意識の周りの対象へ展開する能力である。ただ人は意識で働くとき今ここの空間に閉じられて在る。意識の働きで対象に志向するけれど対象を取得しないということができるのであろうか。意識でなにものかを志向するとは、対象に向かっていることであるが、向かっているだけでなにものかを取得しないことができるのであろうか。意識作用とは対象を志向してその対象を脳に蓄える一連の作用の仕組みの全体である。そこから対象を脳に蓄えるという働きを除外するのは不可能である。意識作用は必ず対象を取得せざるを得ないのである。取得から逃れることはできない。意識は志向性の向く対象を選択することができるが志向性の働きそのものを制御することはできない。

対象とは意識により取得されたものである。そして記憶に格納されるとそれは所有される。対象を目の前にして取得しないことはできない。取得しないためには私の意志により取得しない精神態勢に精神を据えなければならない。そのためには取得する精神の態勢とは別の態勢に精神を導かなければならない。取得されるものを目の前にして取得所有しない、取得しないで向かう精神とはどのようなものであるのだろうか。

根源へと向かう私

根源へと向かうのは精神であり、意識は根源へと向かうことはできない。根源へと向かうのは私の精神であり、構成された空間が根源へと向かうのではない。構成された空間はどこにも向かわず、そこから動くことはない。空間を構成する対象は動き回るが、空間は動かない。宇宙が膨張し星々が疾駆しようとも意識により構成された空間は動かない。私はここに居て、空間はそこに在る。根源へ向かうとは精神の働きの異質なものへの移行である。空間での移動は横への移動に過ぎない。空間はそこもここも同質の場である。異質なものへ向かうと、私は戻れないことがある。

精神は意識により構成される構成空間とともに世界に出現する。精神には意識により捉えられない対象とならないものからの現れの広がりが在る。人は精神を横に置いて、見ぬ振りをし、それによって意識による対象世界の拡大を達成しようと競う。その結果、精神は意識の外に追いやられる。

精神は物質と対立し二元を成すものではない。精神は現実世界に従属しているのではなく、また対象世界は精神から遊離して在るのではない。精神世界は対象世界と互いに移入し均衡しようとする。

世界はその時代に認識された精神が写り出て、その精神が実現されるだけである。対象世界はその時代その世紀に形成された精神のかたちに応じた中でしか変われない。対象世界は人間の宇宙におけるその時点での認識できる世界を写し出しているだけである。構成された世界はその時代に制約された精神が実現されたものである。

精神は構成された世界に展開し、精神は物質において在ることは間違いないが、そのことを持って物質が精神を支配するとは言えない。そこに思考の基礎を置くと対象思考に一方的に従属し、対象思考が欠落させている現実の奥に広がる精神に向き合うことができなくなる。

私という精神の働き

認識世界の在り様は思考の形態によって決まってくる。現れるとは現れた現象であるものを見ることである。現れたもの以前のなにかが在る様は、対象構成を注視している意識は見ることができない。それを見るためには、それが見える位置に精神が移動しなければならない。意識作用とは異なる精神の働きとは、意識の拡散による瞑想などではなく、また意識の集中による極限において生起する観念群ではなく、脳への投影の積層した意識から離れる精神である。

意識により構成されるだけの精神世界は、思考の重心が片寄る特性を抱え込む。本来それらは根源の精神と均衡し自らの位置を保持しなければならない。現実の構成された世界の対象性に人は目を奪われ、観念への投影の積層した意識から、根源から立ち上がる私の精神には目を向けない。なにかを考えるということだけでなく、対象構成世界を考えていないときに精神はどのように働いているかを見なければならない。精神の働きは対象世界の構成が複雑であるのと同じくらい複雑である。現実の世界の構成の絶妙性と複雑性に比べて、精神の働きが単純であると思われるのは、その働きの仕組みが切り開かれてこなかったからである。

対象の構成が精神の複雑さの探求よりも優先されたのは、精神の探求に比して対象の構成が容易であると共に現実世界の切実性によるのである。精神はその現れ方において複雑であり、ただ対象に対して思考するだけではなく、人はその複雑な精神の仕組みを見つめて行かねばならない。

対象を構成しない限りそれは現実世界においては排除される。対象構成をしないことが意味を持つのは、精神の深層においてである。構成をしない精神は時間に随伴し進み行き、そこで精神は開ける。それは深層から立ち上がる精神である。


意識は自らを自覚せず働くが、意識の働く範囲を超えて行くには私の精神が働くことによるしかない。意識は意識が働く範囲でしかその能力を発揮できない。意識の動きに逆らうには、私の精神しかそこを越えることはできない。意識の働きは強力であるので、他の精神の働きは背後に追いやられる。

私の精神が出て行き、踏み越えて行くのは、意識の働きに欠如するものに対して、精神が私の精神の姿で意識を越えたものに向かい行くためである。

対象の所有をもたらす意識から、対象の所有をもたらさない私の精神へと抜け出てみよう。意識を出てしまうことは不可能であるので、非所有へと向く私の意志が、私の精神を支える。

時間は対象とならないものとして広がる。そこにおいてそれは意識作用により脳に記憶される対象性はなく、精神の全体的働きにより認知される。精神の広がりの働きは、精神が対象とならないものである時間の広がりに広がることである。それは私の精神で広がり、また私の精神は宇宙に広がる。精神が広がるとは対象性を放棄することである。対象性のただ中にいて対象性を放棄することは難しく、それは精神の根源へ向け対象でないものへと向かうことによってでしか成し得ない。

精神の働きの体勢は変わることができ、私の精神の振る舞いとともに新しい働きへと進む。対象構成空間の広がりではなく、私が私の精神の広がりに位置し立つ。精神が新たな働きをすればその特性を帯び、その働きの特有の姿を形成する。

まず根源からの精神の働きが前面に出ているのではない。意識の働きの中でそれは見過ごされる。精神の働きは決められた働きとして在るものではなく、時の進行とともに創られるものである。精神が形成される過程を見つめなければならない。それは今見えていないものを見ることである。精神の進み行く働きがその機能を特性として精神に帯びさせる。そして精神はその働きの能力を脳機能の制約の中で広げる。構成世界に閉じ込められた私が解き放たれる。解り得るものだけで形成された構成世界の閉鎖空間においてはそこに閉じられたものはその空間に固定され、その外に展開することがない。

全ての対象から解き放たれた私の精神において、精神は生き返す。対象世界の閉鎖性と精神の仕組みの不備を、私の精神の働きが生き返す。

精神の働きにおける内部の窮屈さ

いかなる精神の働きもその形態、動態を持つ。それは何かの囲われた内で動き、働くものの形態としてある。働きとは囲われた内での働きである。内が確立していないと形態が成り立たない。形態とは内部の構成が確立したものである。働くとは構成されたものの「内で」働くことである。外にはみ出ると逸脱し働きを壊す。そしてその混乱の中から新しい働きが生まれる。

意識作用は見やすいが、それは構成されたものの内での働きである。そこには構成された内での動き、働き、そして構成に関係するものがある。関係のないものはない。構成関係とは内の確立である。その外とは関係を持つことはできない。外と関係を持ったときそれは内になっている。そのとき内は、一時は安定する。一時は安定しているとは外の認識がない状態である。外とは内ではないものとしての認識でなければならない。内と外が在るという認識は、そこに入ったり出たりする動きと働きが起きていることを示している。認識における世界とは内的世界のことである。その関係をいかに構想し組み立てるかが人の立つ位置である。また構成を作る関係とは何かという問いを発することが求められる。人は関係を自由に十分に構想することができない。関係というとき関係することよりは、関係しない領域のほうが大きい。人は人が居る世界に合わせて思考し構想するのは必然であり、そこから出るのは難しい。外に出るのは、人の思考を越え、構想力を越えているからである。

外への意志としての私の精神

精神と世界は私で交錯する。私の精神の領域があり、その領域が生み出す対象を構成する世界があり、その領域の外の世界もある。

その意識の働きの領域は、対象が志向できる範囲で、対象を志向できる領域である。意識の働く外部の領域に向かうには、私の意志による精神の働く領域を明らかにすることに掛かっている。私の意志は対象だけでなく、対象とならない精神にも向かうことができるからである。

なにものも目指さなければ実現されないが、意識の領域に捕らわれている限りそこから外に出ようとするのは難しい。出るためには出ようとする意志が必要となる。それはどのような意志であるのだろうか。意志は精神を意志が目指す方向に向かわせる。その意志はどこからどこに向かうのであるのか。

いかなる働きもそれ自らの内だけで働いていれば、その働きは閉じてしまう。働きの閉鎖によりその働きの外部が生まれる。その外に向き合うには、内から出て外に向かうことを認識し、閉鎖の中に生きていた事態とは異なる生き様を生きなければならない。その外に生きるには対象を求めない意志を生きなければならない。

閉じられた中では精神の働きは、その閉鎖域の形により制限を受ける。そこではその制限された働き以上の能力を発揮できない。閉鎖は閉鎖域内で発せられる、そこを出ようとする能力を抑える。外に出るには内の働きを持ってしては不可能である。内とは意識の内のことであり、外とは所有しようとしない意志の支配する領域のことであり、それらは異質なものである。だが人はそのための新たな能力を持っていないので、その事態の認識とその事態に対する意志を持って臨むしかない。

感覚だけで生きているさまざまな生命は、精神の内の感覚だけの空間へと進み行き生存している。人は本来感覚だけの空間から意識による空間、さらに意識を越えた空間を重ねて生存しているのである。

原初的な生命から動物に至るまで、その精神活動は対象で構成された世界を所有することにおいて営まれている。

ところが人は全体を現す精神を生きており、人は精神が意識から遠くへ行くことにより、さらにそこを越えて行くことができることによって、人は所有に拘束されることから解き放され、人の精神は非所有を生きることができる。人が動物と異なるのは高度な構成ができることではなく、精神において非所有の働きができることによるのである。

私の精神の働きは根源に向かう

根源へ向かう精神の働きは、私の意志が保持しない限り意識の動き、そしてその働きへ転落する。それは意志に任せて済むことではない。私の精神が進み出なければならない。私とは能力であり可能性である。なにものも達成されない領域では私という精神が立ち上がるしかない。私の精神は人称であるだけでなく、肉体であり、神経であり、意識であり、精神の全てである。

精神は私という場で、対象に向かったり対象にならないものへ向かったり、あるいはまた根源の精神へと向かったりする。私は世界のここにいて私が精神に向かう働きを付与する。精神は根源に向いたり、構成世界に現れたりする。

なにがどう動くのか。そこでは私の精神が中心となる。私がどのように精神に入って行くのか。私が動く。私の精神が働く。精神の動きは、視線とか思念の動きが主となるが、さらに意識の脳空間での形成と定着の働きを見つめなければならない。

精神が風の流れのように動くのではない。それは視線のように発するものがあり、それを反射するものを受けあるいは反射せず放散するもののように動く。

精神を発するところは私であるが、それがなにか一つの型に収まるわけではない。その際働く精神はそれぞれ異なったかたちの精神である。

私の精神の態勢

精神は構成される現実世界に現れる。物質が偶然に宇宙で形成され構成されて行くのではない。構成された世界とは精神に現れた世界である。構成された世界が在って、精神がそれに出会うのではない。精神は現実の構成された世界として現れる。

意識は空間において在るので、空間は方向を持っており、方向を持つ思考が対象を構成する思考を生み出す。対象は志向されたその方向に対象を立てるから一方的になる。そのような意識の一方性は所有の恵みをもたらすとともに他方で閉塞を生み出す。

精神は貯蔵、記憶、解析、構成という機能の集合である。その中で本能は宇宙が持つ原初の精神態勢である。それを越えて精神が形成されるのが、私の精神が生れる精神態勢である。

精神は、私に、そして世界に現れる。私と世界は精神が現れた現象である。それは精神が構成世界に現れる宇宙の仕組みにより現れる。構成される世界は、客観世界の規則に従って精神が現れる場である。私の精神はその在り様を見る。見ることで私の精神は客観世界に場所を与え、私の精神は背後に潜む。

私は精神と世界の間に居る。「私」は精神の原初の意識形態に付加されたものである。意識形態は私の精神構成に組み込まれ、私の精神となる。構成世界は自律的働きをして対象構成世界を形成するので、対象世界は私を観念へと追いやり振り払おうとする。私の精神が全体を覆わない限り、私は構成された対象に振り払われる。意識による対象構成世界では、私は精神の働きの根幹の働きを遂行する機能とは見なされない。

精神としての私の働きの中に、観念が硬直したり活性化したりする働きが見られる。精神の一観念として、「私」を観念へと押し込めようとする力がある。観念を支えるその周りを取り囲む働きに目を向けなければならない。観念はいかなる仕組みで生成され保持されるのか。観念は観念を支え保持する精神の全体の中で、観念を対象として志向し固定させる。精神の働く仕組みを精神全体の中に置いて見れば様々な様相が現れ見えてくる。

私が精神として働く場から、個という観念へと押し込められた私へと追いやられる。個としての私は表層であり片寄っているので、精神の根源から振り払われる。全体という言葉で働く精神の働きが、そこではその精神の本来の働きを奪う。言葉は精神の働きを収容する入れ物である。それぞれの言葉はその言葉の精神の働きを支えてきた。精神と構成世界の接合は常にきしむ。私というものは、精神の働く立場として利用されたり疎外されたりする。

根源を開く

精神はその一つの働きに過ぎない空間的な閉鎖性を特質に持つ意識作用に傾いている。対象認識とは閉じる働きであり、対象認識世界においては、空間は拡大しても精神は広がることができない。対象とならないものの広がりは精神を開いており、私の精神を開く。

対象世界へと閉じるのは対象認識能力の基本的な働きであり、その働きを成すには特別の力は必要ないが、精神を開くのは意志と知力がなければできない。それを担うのは私の精神である。認識に向け意識は対象構成世界を形成し、一方、精神は対象とならない認識できないものである不対象に向け開く。精神の発動において、不対象へ向けての精神の広がりを求めることが求められる。

世界を構成するそれぞれの個へと落とし入れられたものは混乱から逃れることはできず、その混乱に対抗する為には全的なものを現す根源の精神を開くしかない。それは対象世界の構成の変更ではなく、認識できないものとしての対象とならないものによる全体の回復を目指し、全体を導く力を精神の根源から引き入れることである。現実の構成世界をその深みまで見るには精神そのものを見なければならない。構成された世界とは個的なものの集積であり、それに対抗する世界が在る。それに対抗するものは全体であり、それは精神の全体の発動である。それが発動されれば全的な精神が色濃く現れた世界が現れる。だが今は、精神の全能力の働きが構成された現実の世界に出現していない。精神の全能力の働きが現実世界に現れるのが見られなければならない。

現実は風情を醸し出し、根源は根情を帯びる。

現実世界は目くるめく様に変わる。歴史は現実と人に思い込まれているものの変遷の記録である。宇宙の歴史、地球の歴史、民族国家の歴史は変遷の記録である。そこでそれらと共に進んできた精神の働きの能力は一つの固定したものであるのであろうか。世界は変化して行くが、精神は現実世界の変化ほど変化するとは考えられてはいない。精神の諸機能は大きく変わらないとしても、その諸機能全体の発動は固定したものでなく、変遷して行く。精神の発動は人類の時代とともに姿を変える。精神の働きが変わる可能性はどうすれば見えてくるのであろうか。現実の変遷に遅れずに、精神の変遷が明かされねばならない。

家の中から外へ出れば開放感を感じ、町の中から外に出れば開放感を感じるが、精神において外に出るとはどのようなことであるのだろうか。空間の区切りを通過するのではなく、動き働くことの区切りを越えて行く。外へ出ると異なる精神の働きが現れそこを進み行く。精神において外へ接近するには精神の希薄だが膨大な動きに私を同調させなければならない。

対象思考の不可能領域ではなく、思考の不能領域に入り込んでしまうのはいかなるときか。思考能力を展開できない不能に陥る事態とはいかなるものか。認識活動が可能なところの外では認識できないのは当然としても、そのことを認識できていない。そのことは認識可能な働きの内の能力を低下させ制限している。対象世界を展開拡大してもそこではなにも深まらず、ただ同じ同質なものを増大させるだけで、そこから外には動けない。それは人が認識の新たな展望の可能性を閉じられているということである。

全体に向かう精神を生きる

精神に全的に生きることに参加することが注目されなければならない。意識は対象を志向することで、行って取ってくる精神の働きであるが、取ってくるだけの精神活動では精神の働きはその働きだけに執着する。行って取ってこない根源へ向かう精神の働きにおいては、私の精神は制限されずに広がる。行って取ってこない精神の働きを自覚できるのは、対象とならない不対象である時間においてである。

対象思考は脳の機能として意識作用の働きにおいて遂行されている。意識作用を含む精神全体の働きは単純な働きではない。精神全体を複合した働きの組み合わされたかたちから見て行こう。そこには働く複合された仕組みがある。働きは組み変わり、組み変わる仕組みを、意識の働きに固定した構造の思考として捉えるとそれは思考を停止させる。

宗教は想念の働きにおいて開き、瞑想は体験の働きにおいて展じ、哲学は観念の働きにおいて展開する。現れるものは部分であるしかできない中で、人は全体に渡る働く仕組みを築くことを試みてきた。だが、その試みの努力に関わらず、それらの仕組みは部分の組み立てに追いやられ、それは全体に拡がることはできていない。

全体にはいかなる試みによっても最終的には到達できない。全体に対する「意識」による認識は不可能である。全体は求めて得られるものではなく、向こうから来るものである。全体は対象とならず、意識で志向した全体は意識に投影された観念という幻影にすぎない。

投影されたものに張り付いた思考から精神を振り解くことが求められる。投影された観念の幻影の構成から精神を振り解かないと全体へ近づくことはできない。

人の認識はそれぞれ投影されたもの一面を見ているにすぎない。認識は対象として投影された意識が構成するものに落とし込まれている。投影されたものによる思考、投影されたものの認識とは、意識空間に投影されたものの幻影を認識しているのである。投影されたものが在るとは、投影するものが在るということである。

意識から全体へと越える精神の働きが見られなければならない。そこでは精神は投影されたものに閉じられた意識から、全体に向かう精神へと立ち上がる。そこで精神は全体と響き合う。

著者略歴

友永 幸二郎（ともなが・こうじろう）
１９６９年　東京大学文学部美学科卒業
書籍　『「実現と表現」―時間が生み出すもの』発行レーヴック
『実現と表現　：　時間が生み出すもの【電子書籍版】』発行22世紀アート
『精神と時間　：　宇宙はいかに現れるか現れていないものへの接近はいかにして可能か【電子書籍版】』発行22世紀アート
『時間宇宙と空間宇宙―宇宙に潜在する力と現代の精神思考の行き詰まり』発行22世紀アート

本書についてのご感想やご質問はこちらまで
kt0987@gmail.com

精神と時間
宇宙はいかに現れるか
現れていないものへの接近はいかにして可能か

2023年2月10日発行　著　者　**友永幸二郎**
発行者　**向田翔一**

発行所　株式会社22世紀アート
〒103-0007
東京都中央区日本橋浜町3-23-1-5F
電話　03-5941-9774
Email: info@22art.net　ホームページ：www.22art.net

発売元　株式会社日興企画
〒104-0032
東京都中央区八丁堀4-11-10 第2SSビル 6F
電話　03-6262-8127
Email: support@nikko-kikaku.com
ホームページ：https://nikko-kikaku.com/

印刷
製本　株式会社PUBFUN

ISBN：978-4-88877-150-4